日知文丛

无　　界

陆建德　著

浙江古籍出版社

图书在版编目（CIP）数据

无界 / 陆建德著 . -- 杭州 : 浙江古籍出版社 ,
2020.8

ISBN 978-7-5540-1761-6

Ⅰ . ①无… Ⅱ . ①陆… Ⅲ . ①社会科学—文集 Ⅳ .
① C53

中国版本图书馆 CIP 数据核字（2020）第 112125 号

无　界

陆建德　著

出版发行　浙江古籍出版社
（杭州体育场路 347 号　电话：0571-85068292）

网　　址　www.zjguji.com

责任编辑　刘　蔚

封面设计　吴思璐

责任校对　安梦玥

责任印务　楼浩凯

照　　排　浙江时代出版服务有限公司

印　　刷　浙江海虹彩色印务有限公司

开　　本　889mm × 1194mm　1/32

印　　张　6.125

字　　数　128 千字

版　　次　2020 年 8 月第 1 版

印　　次　2020 年 8 月第 1 次印刷

书　　号　ISBN 978-7-5540-1761-6

定　　价　32.00 元

书田无界

——代序

改革开放始于1978年。去年，各种媒体都在纪念这不平凡的四十年的历程。与改革开放同岁的《读书》也迎来它的不惑之年，很多读者都对《读书》创刊号中《读书无禁区》一文印象尤深。这本小书涉及的范围芜杂，取名“书田无界”之意，颇有遮丑的动机，同时也想微弱地呼应当年“读书无禁区”的意愿。假如人们的想象被文化上的本质主义所主导，那么一望无际的书田将被界线所阻隔，各色关于“他们”和“我们”的简单化言说就僵化为无形的墙。

四十年前，我是复旦外文系一年级的学生，在“美国文学选读”的课程中读到诗人罗伯特·弗罗斯特的名诗《补墙》（“Mending Wall”）。叙述者“我”是一位农场主，他的邻人太在意界线，正动手补一道石头垒起来的墙，还搬出借口“好篱笆成全好邻居”。诗人则以为不必，没有篱笆，也会有好邻居。“为什么这样说？这是不是指/有母牛的地方？可是这里没有母牛。/在我垒起一堵墙之前，我想知道/这墙圈进了什么，圈出了什么，/我又有可能使得谁家不开心。/是有一种什么东西不喜欢墙，/总要它倒塌。”诗人的善意却不被理解：“我眼看着他在那里，/搬动石头，一只手抓紧一块，/就像旧石器时代人手执武器。/ 我觉得他似乎是在暗中行动，/ 不完全是由于树木投下阴影。”[①]

重读这首小诗，不免回忆起当年课堂内外沉醉于无垠书田的情景。

陆建德　2019 年 12 月 10 日

① 《弗罗斯特诗选》（英汉对照），江枫译，外语教学与研究出版社，2012 年，第 44 页至 47 页。译文略有改动。

目　录

何谓“世界文学”？①

歌德提出“世界文学”的观念近两个世纪了，这是中国比较文学界的各种论文里都会提到的一个观念，让人生出无限倦意。究竟什么是世界文学？哈佛大学比较文学教授大卫·丹穆若什在他的经典著作《什么是世界文学？》（查明建、宋明炜等译，北京大学出版社，2015年）中，提出了中国文学研究界长期以来该提而未提的问题。

1929年4月14日晚，法国作家安德烈·纪德在巴黎家中举办宴会，为即将回国的中国留法学生、法文自传体小说《我的母亲》作者盛成送行。主人说：“世界文学必定产生于民族文学；民族文学一定产生于地方文学。地方文学是民族文学的根源；民族文学又是世界文学的根源。”以他的标准，《我的母亲》这本书“是地方文学的一个典范，同时，也是民族文学和世界文学必不可少的佳作”。但是这三种文学之间的关系并不简单，过于异质的地方和民族文学不能作为世界文学流通；而且世界无形中还有个中心，地方和民族有时也为着中心的期待和要求而改变着自己和呈现自己的方式。

在中国现代文学史上，好几位著名作家写过回忆母亲的文章或著作，但是要说国际影响，都比不上盛成的《我的母亲》。

① 本文是《什么是世界文学？》一书的书评，载2015年9月8日《新京报》。

作者写作完毕，与多家法国出版社联系，都没有回音。后来他鼓足勇气求助于象征派大诗人保尔·瓦雷里，竟交了好运。瓦雷里不仅帮助出版，还亲自作了一篇长序。他说，读了这部作品，“神魂颠倒，心摇情动若山崩”，可见这位中国母亲完全不同于“虎妈”，她巨大的冲击力来自美德。瓦雷里的一篇美文以及其他几位顶级法国作家的盛赞吸引了来自各国出版社的注意力，《我的母亲》很快被译成多种语言，作者也变成上层社会争相邀请的红人。

盛成这部作品渗透了爱和崇敬，顿时改变了中国人的刻板形象，但是也给我们留下很多问题。比如：但丁《神曲》以及比阿特丽斯的形象如何影响了盛成的写作？他的法国文学知识如何规范他的表现方式？如果盛成不是出没于巴黎蒙巴拿斯和蒙马特的咖啡馆，与活跃于二十年代巴黎的先锋派、达达主义者交游，他会受到这等级别的款待吗？法文版手稿是否还在出版社的库房？是否经人润色？二十世纪三十年代中文版的《我的母亲》问世，内容就与法文版有所不同，但是在中国的接受就远不如法文版热闹。有没有人细致比较过《我的母亲》中法两种版本？盛成江苏家乡的人如何讲述盛成和他母亲的故事？

文学作品如何在翻译中变异

只要读了本书第八章《出版物中的丽格伯塔·门楚》，就会意识到所有这一切问题，恰恰也是关心意义如何生产、流通的丹穆若什可能提出来的。这位门楚是基切玛雅人，危地马拉争取印第安人权利活动家，1992 年获诺贝尔和平奖。二十世纪七八十年代之交，她的父母和弟弟被危地马拉军队杀害（她父亲被烧死，元凶究竟是警察还是他自制的燃烧弹，不同方面各有说法）。门楚 1981 年逃亡墨西哥，1983 年出版自传《我，丽格伯塔·门楚》，几乎一夜间成为名人。据说是门楚在巴黎见到一位流亡者阿尔图罗·塔拉塞纳，此人改变了她的命运：“他非常迫切地希望我的书能为大众所知晓，好有更多的人来读。他认识伊丽莎白·布尔格。正是塔拉塞纳向布尔格夫人提议我们应该着手出版此书。他断言，……我们需要一个响当当的人物来把这本书引介进学术圈和出版界。”这位布尔格夫人的丈夫是法国人类学家、革命理论家德布雷（两人当时已分居，后离婚，这位德布雷先生三年之前来北戴河参加中欧文化高层论坛）。布尔格夫人说，她首先把门楚的口述史录音下来，然后进行整理。英文译本中有“布尔格－德布雷编辑”的字样，作者究竟为谁，并没有具体说明。可以肯定的是，没有布尔格夫人的精心构思，这本书不会一炮打响。书前三章（分别是“家庭”“出生典礼”和“守护神纳华”）提供了一个有历史纵深的叙述框架，读者先对印第安人的社会结构、传统宗教有所了解，然后来理解门楚故事的意义。这是一个善恶对立的故事：一方是永恒不变的玛雅人祖传智慧和德行，另一方则是西班牙人后裔拉迪诺人的残暴本性。叙述经布尔格修改润色，书稿最终由塔拉塞纳审定。

这本书是数人合作的结晶，但是它的署名却从未反映合作的过程。门楚提供的细节并不可靠，她的支持者强调，她是在为很多人代言，初衷“不是为了误导，而是为了引起注意……

可能只有运用艺术的变形，才能打破我们这些无动于衷的媒体的沉默”。编者成了门楚的诠释者，把她呈现为一位无辜的目击者，而要掩盖一些事实：比如《圣经》是门楚身上文化的重要组成部分，这是一些传教士数百年辛勤劳作的结果。玛雅人内部的纷争不见了，与拉迪诺人的不和则甚为夸张。两种文化是相互依存的统一体。对文化差异尽量自我强化。后来由于门楚与布尔格就这本书的著作权生出不快，两人就不再联系了。多年后门楚重新与人合作，写了《丽格伯塔：玛雅的孙女》（1998），所依靠的还是一个跨国团队。该书出版三个月后就有了安·莱特的英语译本《跨越边界》，译者在全书的组织、内容和风格上做了很多调整，表面上门楚成为这本书的单一作者（与事实不符），而真正掌控叙述的却是安·莱特。

因此，《什么是世界文学？》也是一部讨论文学作品如何在翻译（或“实录”）的过程中发生奇妙变异的著作。第五章《麦赫蒂尔德·冯·马格德堡的来世》讲十三世纪女性神秘主义者麦赫蒂尔德·冯·马格德堡充满异象的灵活押韵的散文《一缕上帝的流动之光》（用低地德语方言创作）。她将自己对基督的渴望用肉体之爱的语言表达出来，一位告解神父将书译成拉丁文，弱化了原作的情色语言。一本十四世纪四十年代中古高地德语的译本于1861年在瑞士一修道院重新发现。两种译本都压制了炽热、跳动的身体语言，使之融入男性神学主流传统。一直到二十世纪中后期，好几位当代译者才敢直译，由于原作已经不存，译者还要在现存“洁本”的词语背后摸索、推敲麦赫蒂尔德的原文。

卡夫卡《城堡》中那位言辞闪烁的K往往被理解为一位与世界、社会的荒谬性作不懈斗争的英雄，这也与编辑、翻译相关。早期的卡夫卡翻译是不可靠的，卡夫卡的挚友布罗德1926年整理出版的《城堡》与手稿有较大出入，德国菲舍尔出版社1982年推出帕斯里编辑的《城堡》，保留了作者特有的标点、书写方式。人民文学出版社2003年版的三卷本《卡夫卡小说全集》中的《城堡》（高年生译）就是根据这新版翻译的。新版的英文译者马克·哈曼指出，以往现代文学大师的译者追求的是符合传统美学的标准，比如优美、生动、流畅，与原文风格并不一致，“很容易被归化到本国文化中，常常恰是译文自身的弱点”。他所批评的即此前《城堡》的著名英译者穆尔夫妇。这样来衡量，鲁迅的硬译胜过林纾的归化译文风格。在我国的研究界，K面临的困境（以及造成者困境的城堡）的象征意义一直强调得非常过分。二十世纪六十年代，《弗兰茨·卡夫卡》一书作者沃特·索科尔就指出正义和非正义之间的矛盾绝非《城堡》的主题：“这部小说的主题是K试图让所有人，包括读者，相信正义就是问题的所在……卡夫卡让K如此高超而坚决地运筹帷幄，让他说服了绝大多数读者去相信他，而这些和他自己提供的文本证据恰好相反。在他这部内容最丰富、最深刻的作品中，卡夫卡描绘了虚构战胜现实。他的人物所犯的欺诈不是战胜其他的人物——因为在这部小说中没有人真的相信了K——而是战胜了这部书的读者。”

多元的主题：东西方的文化交融

一部企图全面探讨世界文学的著作不可能回避“东方学”。萨义德所解构的“东方学”依赖于东西截然对立，但是也有一些“东方学”的奠基者充分意识到所谓“东方”和“西方”的内部无比多元、丰富，丝毫不为简单的两分法所左右。第一章《吉尔伽美什之旅》讲述了英国外交官莱亚德和他的助手拉萨姆的故事。十九世纪中期，两人在今天的伊拉克摩苏尔地区发掘出公元前七世纪亚述王亚述巴尼帕宫殿，发现两万五千多块泥板。钞票雕版工、自学成才的乔治·史密斯破解了大英博物馆馆藏泥板上的楔形文字，辨识出《圣经》里记载的大洪水的故事。1872 年他在伦敦的圣经考古学会作演讲，报告这重大发现，首相格兰德斯通竟在现场。可惜的是史密斯四年后因脱水死于阿勒颇（现叙利亚境内），年仅 36 岁。丹穆若什认为，《吉尔伽美什史诗》是第一部真正意义上的世界文学作品，它在封存于地下两千多年之后，被人破解阅读。如果语言是一部作品的“家”，没有搬过“家”的作品就没有进入世界文学。第四章《墓地之爱》讲的是抄写在纸莎草卷上的公元前十二世纪古埃及象形文字诗句的现当代英文翻译。亚述学和古埃及学都属东方学的基石，我国是否有这方面的专才还不得而知。

阅读《什么是世界文学？》，经常有一种芒刺在背的感觉。第二章《教皇的吹箭筒》的话题对中国读者而言仿佛更加遥远一些。1521 年，西班牙征服者攻陷特诺奇蒂特兰，当地的阿兹特克文化并没有立即消失，幸存的诗人保存了相当一部分传统歌谣，也创作新诗。西班牙人企图烧毁、抹去任何带有偶像崇拜的文物，劝说当地人皈依基督教，但是神奇的是当地人在征服者的宗教意象、概念中注入了自己的文化。一些天主教会修士在十六世纪五十至八十年代间收集了纳瓦特语（Nahuatl）诗集《新西班牙王者之歌》和《墨西哥歌谣》。到了十八世纪，这些诗集有了西班牙语的译本。《墨西哥歌谣》（第 68 首）里有这样的句子：

> 斜倚在黄金座椅上的是谁？看！是教皇。
> 他拿着孔雀蓝吹箭筒，他在世间射击。

用征服者的语言保存着自己独特的文化记忆，这是独特的一例。到了十九世纪中期，欧美学者开始研究土著文化，米索亚美利加（中美洲）和美索不达米亚属于同一个时期的创造，阿兹特克艺术文化在大量翻译成西班牙语的抒情诗里得以体现。十七世纪前半期西班牙传教士鲁伊斯·德·阿拉尔孔在墨西哥推行文化融合，写了双语（西班牙语和纳瓦特语）著作《新西班牙的土著印第安人中留存至今的迷信和异教习俗》。这本书的抄本被呈献给主教，沉睡两个半世纪才在 1892 年出版。二十世纪八十年代同时出现这部著作的两种英译本。阿兹特克文明的诸多细节在书中得到呈现。

丹穆若什对世界文学的定义之一：它不是指一套经典文本，而是指一种阅读模式——“一种以超然的态度进入与我们自身时空不同的世界的形式”。

本书涉及的世界文学范围非常广，从古巴比伦的楔形文字残片，到埃及的象形文字文本，从中世纪德国女神秘主义者的通神异象书写，到危地马拉妇女的创伤记忆口述，从卡夫卡作品的重新修订与翻译，到当代词典形式小说的国际阅读，时间跨越古今，视野遍及全球，生动揭示了世界文学构成的多元化以及世界文学实践形式的多样性。作者从跨文化流通、翻译、阅读的角度，重新探讨“世界文学”的内涵，所提出的观点令人耳目一新，创造性地更新了世界文学观念，开创了世界文学研究的新方法，同时也给予比较文学和翻译研究以很大的学术启迪。

用心的编排：“撇开”美国文学

《什么是世界文学？》一书完全撇开美国文学，这是令人惊讶的。第七章《世界范围中的英语》主要讲述英国小说家伍德豪斯闯荡美国的经历和他的风格化的世界。正因为伍德豪斯可以用不同方式阅读，他才是一位成功的世界文学作家，而在此意义上与他同辈的英国作家却可能不是。当然，全书每一章的背景都离不开美国。第一部分第三章《从旧世界到新世界》先是讨论刚果（金）学者姆布威尔·恩加的一部法文小说《詹巴蒂斯塔·维柯；或非洲话语的蹂躏》（1975），然后由恩加这部作品切入，梳理了美国十九世纪以来各方人士编选世界文学文选的进程。丹穆若什结合哈罗德·布鲁姆的《西方正典》，先后分析了《哈珀柯林斯世界读本》《哈佛经典》《诺顿世界文学选集》和弗兰克·马吉尔的《世界文学名著概要》的特点。

还应该介绍几句恩加那部小说。主人公不是十八世纪的意大利哲学家、《新科学》作者维柯，而是二十世纪七十年代西非一所大学的教授。这部小说从未被翻译，英语世界也从未对它加以关注，但是它几乎预见了美国一度流行的文化多元、少数话语和“差异性政治”的弊端。小说里有两类人物：没有根基的漂浮的世界主义者和坚持民族特性的本土派。小说中有法庭审判的场景，一位年轻律师说：“我们不要忘记‘特质’会导致缺氧，甚至完全接收不到外界的氧气。文化唯有向其他文化开放才可能存活下来，使其免于集体性的自恋。”（P162）

丹穆若什在这部著作的组织编排上很用心。他在《结语》中插入拿破仑 1798 年远征埃及的历史。拿破仑拿下亚历山大，向着开罗进发，但是那年 8 月，纳尔逊指挥的英国海军摧毁了法国舰队。第二年拿破仑偷偷从埃及起航，潜回法国。但是一起出征的还有一个由 167 位科学家组成的“艺术与科学工作委员会”。远征失败后，留存的科学家开始研究埃及的古代遗迹。法国人发掘出来的文物被英国抢夺，最重要的罗塞塔石碑进入了大英博物馆。但是，石碑上的神符却是法国语言奇才商博良解读出来的，古埃及语言文学和历史的研究从此奠定了基础。商博良在十九世纪二十年代的突破激励英国人亨利·罗林森辨认出楔形文字，东方学就此登台。作者在最后动人地写道，当年拿破仑企图控制埃及文化，现在的世界文学读者完全不同，他们“寻求愉悦和启发，而不是对世界文化财富的占有性控制”，这样的事业“就是一种焕发活力的偶遇”，所需要的是“更超然的投入”。这也是丹穆若什对世界文学的定义之一：它不是指一套经典文本，而是指一种阅读模式——“一种以超然的态度进入与我们自身时空不同的世界的形式”。

他者的眼光：对中国文学的启示

歌德提出“世界文学”的观念近两个世纪了，这是中国比较文学界的各种论文里都会提到的一个观念，让人生出无限倦意。二十世纪三十年代，鲁迅有意编辑《译文》杂志专门介绍各国文学。1953 年 7 月，《译文》创刊，这是由中华全国文学工作者协会（即中国作协前身）主办、人民文学出版社出版的刊物，在全国拥有大量的读者，其宗旨是向国内读者介绍世界文学。但是世界不是现成存在的，它是选择的结果，因环境的变化而变。《译文》封三的“稿约”就对译文的“世界”范围做过一些有趣的界定。也许是在“双百方针”的指引下，1957 年《译文》的“稿约”第一条变得简单明快了：“本刊欢迎下列稿件：1. 世界各国优秀的现代文学作品以及富有代表性的古典文学作品的译稿。”1959 年，《译文》更名为《世界文学》，但是“世界”慢慢变成了一个严重问题，这份杂志在 1966 年停刊了。

比较文学作为学科存在已经三十多年，在我国原来属外国文学学科，二十世纪末转属中国文学学科。我们的外国文学研究基本以国别文学即民族文学为单位，国与国之间界垒森严，中国以外国别间的研究不多见。学者喜欢做的论文题目是某某外国作家在中国，某某中国作家在外国。丹穆若什这本书所展现的宽广度和多面向论证一个主题的能力，是国内比较文学学者目前还难以企及的。作者懂多种语言，德文、法文、西班牙文、拉丁文运用纯熟，甚至略备古埃及象形文字的知识。我国学者往往通过英语来了解世界，不能不说是极大的遗憾。作为哈佛教授，丹穆若什竟然没有在书中辟出一章专论美国文学，也有点让人吃惊。如果一位中国学者来写一部比较文学的著作（不是介绍法国学派、美国学派之类），分析评论的作品以别国文学为主，那是断断不能想象的。丹穆若什即使论及我们最熟悉的《歌德谈话录》的时候，也能利用爱克曼的身世别开生面。诸多译本有一共同的特点：译者或编者都喜欢删除爱克曼的自序、引论以及对话中这位年轻人说话的部分。这位作者的真正参与性的贡献还有待世界承认。

丹穆若什专为中译本撰写了序言。他用“向心”“离心”来形容中美比较学者的关注特点。中国的比较文学学者主要关心中国及其与外界之间的关系，因而是“向心”的，或者说以中国为中心；美国比较文学专业关注世界上除了美国之外的任何地方，没有聚焦点。他希望两国学者互相启发，但是他也说：“既与我们的本国文化保持活跃的关联，同时敞开自己，拥抱整个世界——这既包括世界文学独特的多样性，也包括从不同文化和思想立场来研究这些文学的多种多样的创造性思路。”不具备通过多种框架来阅读世界文学的能力，我们并不能真正拥有世界文学。有人以为中国文学自成体系，几乎独立自主。其实我们更需要比较的眼光甚至他者的眼光。敞开自己，拥抱世界，还会有更多的瓦雷里、纪德来为中国母亲喝彩。

众声喧哗的现代主义

今年是法国诗人波德莱尔逝世一百五十周年，称这位《恶之花》的作者为现代主义的创始人，倒还说得过去。诚如象征派诗人瓦雷里所言：“到了波德莱尔，法国诗歌终于走出了法国国境。它被全世界的人诵读，使人承认它就是现代性的诗歌本身，产生了模仿，使许多精神丰饶多产。”《恶之花》于1857年问世，立即受到攻击，官方传讯作者和出版者，并将出版物查封。波德莱尔作了自辩，最终被判无罪，但还是被罚款，诗集中六首诗被删。时间站在波德莱尔一边，今日读被删的《致一位太快活的女郎》，只觉得有点出格，不值得压制，不然反而会使作者声名远播。《现代主义》作者、美国文化史家彼得·盖伊梳理出一个现代主义的反叛传统，波德莱尔就是这一传统的鼻祖。盖伊承认，现代主义可以用复数来表示，而他宁可用单数。现代主义的实践者有一个共性：他们不断打破常规，探索新奇，都是“上了瘾的冒险家，只有处于美学安全区域的边缘甚至以外才能感到得心应手”。但这只是一个彼得·盖伊建构起来的传统。

“现代主义”的发明

现代主义是晚到的命名，当年的实验者从不以此自居。二战结束后，英国文化委员会出了一套十二本的英国文化丛书，商务印书馆组织起一支当时最优秀的译者队伍，将它们全部在1948年译出。丛书中的约翰·黑瓦德所著《一九三九年以来的英国散文作品》由杨绛翻译。杨绛介绍说，作者编有多恩等英国诗人诗集数种，并“长期为《标准》（Criterion）、《泰晤士报》文艺副刊和其他重要刊物写批评论文，也是目录学家，兼伦敦出版公司顾问编辑”。这位约翰·黑瓦德是剑桥大学国王学院毕业生，与托·斯·艾略特交往密切，两人曾在伦敦同住一套公寓。黑瓦德患肌营养不良症，摆脱不掉对轮椅的依赖，艾略特对他颇多照顾。八十年代笔者做博士论文，在国王学院图书馆查阅黑瓦德捐赠的手稿，其中包括艾略特1926年在剑桥三一学院做的克拉克演讲打字稿。笔者为了引证讲稿文字，特意致函艾略特夫人，请她提供帮助。黑瓦德熟悉艾略特作品，一九五三年为企鹅书局编选《艾略特散文选》，写了前言。这本书也是彼得·盖伊的参考文献之一。但是通读文化丛书中黑瓦德那本小册子，我们看不到“现代主义”一词。《一九三九年以来英国诗》也是丛书中的一本，由“奥登那一代”的诗人斯蒂芬·斯班德撰写，译者邵洵美。这本书一时无法查阅，但是斯蒂芬·斯班德是不会用到“现代主义”这个词的。笔者藏有斯蒂芬·斯班德讨论战时体制下诗歌性质的《生活与诗人》（1942）和自传《世界中的世界》（1951），他没有使用“现代主义”的概念。艾略特是现代主义“诗人中的诗人”（盖伊语），他却如此说明他的立场：“文学上的古典主义者，政治上的保干党，宗教上的英国国教高教会派”。艾略特在诗歌创作上确实与法国文学关系紧密，波德莱尔和拉弗格给了他很多灵感和启发，但是他从来不称自己是现代主义者。到了二十世纪五六十年代，“现代主义”一说才开始流行，而且它是在所谓的“后现代主义”初现时为了映衬后来者而得到某种程度的界定。埃及裔美国学者伊哈布·哈桑标举所谓的“后现代转向”，曾列出一份不可靠的“现代”和“后现代”特点对照表。1978 年，麦尔考姆·布拉德伯雷和詹姆斯·麦克法兰合编的《现代主义：1890 年至 1930 年欧洲文学指南》出版后，现代主义终于登堂入室了。

彼得·盖伊的中产阶级文化研究

彼得·盖伊 1923 年生于德国，犹太裔，1939 年离开德国，1941 年辗转来到美国，还根据自己德文姓氏的词义“欢乐”改用盎格鲁—萨克孙的姓氏盖伊。他就学于哥伦比亚大学，后多年任耶鲁大学讲席教授。盖伊懂多种外语，又非常勤奋，早在六十年代就以几部研究启蒙运动的著作闻名。近数十年来，弗洛伊德的精神分析受到很多挑战，但是盖伊却运用精神分析的方法，写出了一部部学问与文笔兼备的文化史，二十世纪八九十年代出版的五卷本巨著《布尔乔亚经验：从维多利亚到弗洛伊德》奠定了他在美国学术界崇高的地位。笔者好几年前读过他的《施尼兹勒的世纪：中产阶级文化的形成，1815–1914》中译本（北京大学出版社，2006 年，梁永安译），印象很深。希望有眼光的出版社早日购买《布尔乔亚经验》的版权。盖伊 2015 年去世，他的《浪漫派为什么重要》同年印行。《现代主义》是他应诺顿书局编辑鲍勃·威尔之请在 2002 年开始写的，2007年写毕，今年由译文出版社推出品质上乘的中文版。没有数十年中产阶级生活趣味研究的功力，就没有《现代主义》。作为历史学家的盖伊也善于讲故事，他的叙述雍容优雅而不失风趣，读起来轻松愉快。

《现代主义》的副题是“异端邪说的诱惑：从波德莱尔到贝克特之后”，论及十个领域（绘画与雕塑，小说与诗歌，音乐与舞蹈，建筑与设计，戏剧与电影）的现代主义种种表现。卷首引了两句名言，一句是波德莱尔的“文人是世界的敌人”；另一句出自法国诗人纪尧姆·阿波利奈尔之口：“为了描画出当代事物那最重要的特质，画家使用了最现代的表现手段——震惊。”故意让人震骇不已，有时也是成名捷径。法文短语“让中产阶级震惊”已收入一般的英语词典，可见它已沦落为口号、熟语了。彼得·盖伊雄心勃勃，他要在十九世纪四十年代初期到二十世纪六十年代早期的欧洲梳理出一个“一致的文化实体”来。用“现代主义”一词将百多年里的印象派、后印象派、野兽派、表现主义、达达主义、超现实主义、荒诞派和波普艺术一网打尽，看起来干干净净，实际上却会造成一种众声喧哗的效果。也有的画家自成一家，经常给人惊喜，比如夏加尔。盖伊或许因此就对他不置一词。

法文单词 bourgeois 是盖伊著作中的关键词，它在本书中译成“中产阶级”，也可以译成“布尔乔亚”。“布尔乔亚”已收入中文词典，据汉英双语《现代汉语词典》，该词系“资产阶级 [bourgeoisie] 的音译”。在《共产党宣言》里，bourgeois 译为“资产者”，其复数形式则译为“资产阶级”。《牛津英文词典》（OED）对 bourgeois 有很细致的释义，感兴趣者可以查一查。其实 bourgeois 不同于 capitalist，也能翻译为“循规蹈矩的市民”。按照中文的理解，资产阶级社会地位要比中产阶级高一些，也更富有。《包法利夫人》多中产阶级人物，彼得·盖伊指出，“福楼拜笔下的中产阶级愚蠢、贪婪、庸俗、自鸣得意但又无所不能”，他还告诉我们，福楼拜在信中自称“中产阶级畏惧者”。英国小说家乔治·艾略特是福楼拜的同时代人（两人都死于 1880 年），但是她作品里人物的个性使中产阶级较为相似的风貌黯然失色。如果福楼拜是现代主义者，那么海峡对面的维多利亚时代作家是够不上这一称号的。

中间商与趣味的转变

这段时期的绘画艺术，读者是相对而言比较了解的。印象派作品的震惊力量早已失去，各种印象派画册已摆放在中产阶级客厅咖啡桌上。这种审美趣味的变化如何发生，是最难说清楚的。《现代主义》第二章《不妥协者与剧团经理人》中的第二部分“中间商的教育者角色”给我们补了一课。现代主义艺术家来到世上，就有一批宣传他们的才华并从中获利的中间商，而对贵族统治阶段，艺术家有自己的恩主（包括教会），而从十七世纪开始艺术品中间商出现了，在随后的两个世纪里为作曲家和演员安排音乐会的经理人和评论家活跃起来，到了维多利亚时代，这一切变为产业。说到底，画廊老板、剧团经理、博物馆馆长、话剧和歌剧制片人、音乐会主办人、文学和美术批评家都属于这个中间层，他们都是文化商人兼公众的教师，参与决定了艺术的风向。盖伊在讨论印象派兴起的缘由时介绍了两位开画廊的画商：纽约的诺德勒和巴黎的迪朗—吕埃尔。十九世纪下半叶，美国富豪都是在诺德勒画廊买下地位已经确立的经典作品，他们要买印象派作品，就得去巴黎的迪朗—吕埃尔画廊。迪朗—吕埃尔看好印象派，称他们的作品“当属最完美的收藏品”。1883 年，迪朗—吕埃尔精选一批藏品送至波士顿，三年后他在纽约开了分店，于是一批美国顾主变成了印象派画作的爱好者，他们的购买又提升了印象派的地位。艺术馆馆长的支持对作品的接受度也有决定性影响。在十九世纪晚期的馆长中，盖伊提到汉堡市立美术馆馆长利希特瓦尔克如何委托犹太裔画家利伯曼创作汉堡市长肖像画一事，艺术判断和公关手腕巧妙结合在一起。利希特瓦尔克把美术馆当成一个教育平台，他重新发现德国浪漫派画家，也是第一个将库尔贝、马奈、莫奈、西斯莱和雷诺阿的作品在汉堡美术馆展出的馆长。他面对的是一批德国保守派，“他们最大的兴趣就是把国家美术馆门前著名的题词‘致德国艺术’看成购置藏品的指导思想，拒绝任何国外的东西”。那些保守派为狭隘的爱国主义所误导，错失了丰富馆藏的好机会。

毕加索尝试过不同的艺术创作形式，充任了一系列流派的领袖，无一失败。要谈好毕加索是最难的。盖伊称他为“单人乐队”，再也恰当不过了。但是他说到这位现代主义巨匠的时候，强调的是毕加索笔下的女性和男女间的性爱，好像缺了什么。《格尔尼卡》受西班牙共和政府委托而作，抗议了德国对西班牙小镇格尔尼卡的轰炸。毕加索一直参与政治，他甚至还是法国共产党党员，1949 年巴黎世界和平大会的海报上的和平鸽就是毕加索画的，这只鸽子也飞到了我国 1950 年发行的“保卫世界和平”邮票上。二战后的世界和平大会有苏联的背景，参加大会的欧美文化界人士和艺术家人数可观。盖伊完全回避毕加索的政治活动，也是担心美国中产阶级受到惊吓吧。笔者记得参观巴黎毕加索纪念馆时，遇到一些美国游客，他们看见玻璃展柜里陈列的毕加索法国共产党党员证，几乎不敢相信自己的眼睛，甚至叫出声来：“他是共产党！”以政治的眼光来审判“野蛮人”（见本书《尾声》）会不会是讨好中产阶级之举？

艺术家打倒中产阶级，果然过瘾，但是也可能释放出心里调皮捣蛋的魔鬼。约翰·凯奇没有一个音符的音乐作品《四分三十三秒》在寂静中持续四分钟三十三秒。安迪·沃霍尔的《布里洛盒子》只是一个立体容器。电影《沉睡》（1963）没有任何情节，以长达六小时的耐心记录一位男子的睡觉。马塞尔·杜尚给蒙娜·丽莎画上两撇胡子，还在画的下面写下很不恭敬的几个字母。他买个小便池取名“泉”，冒充艺术品，借此宣布艺术的死亡。这一类挑战成见的壮举一百年来层出不穷，变得有点让人厌烦了。波德莱尔写过一首增补入《恶之花》的诗《喷泉》：“你的美目现出了倦意，/ 可怜的爱人，不要张开，/ 你感觉到意外的欢喜，/ 请你保持这样的慵态。院子里的喷泉的喧嚣，/ 日日夜夜地毫无休歇，/ 请你保持住我在今宵 / 沉浸在爱情中的喜悦。”这首诗有三个诗节，每个诗节后跟着一小段重复：“喷水柱的水花 / 朵朵盛开，/ 月姑欣然给它 / 添上色彩，/ 仿佛泪雨哗哗 / 降落下来。”（钱春绮译）《恶之花》里绝大多数诗作不是存心写出来震惊像我们这样的常人的，波德莱尔未必能容忍杜尚之类的传人吧。奥威尔曾给超现实主义画家达利的自传写过评论《神职人员不必经受法院审判的特权》，也值得现代主义爱好者阅读。

凝固的音乐

美国现代主义建筑和设计大师弗兰克·劳埃德·赖特是美国的骄傲。盖伊强调，对赖特来说，“设计是一个包罗万象的过程：构思一座建筑，需要从内心出发，由内而外，而他那些靠设计一个徒有其表的建筑外形卖钱的建筑师同行们是远远做不到这一点的”。赖特最出名的设计非纽约古根海姆博物馆莫属。该馆建成于二十世纪五十年代末，是现代主义的圆弧形不朽之作。赖特也在亚洲留下了他的作品。东京帝国饭店于1922年竣工，第二年关东大地震，赖特一位日本朋友给他发了电报：“饭店毫发无损，这是您天才的丰碑。”这栋建筑经历了战争，在六十年代拆除。加拿大解构主义建筑师法兰克·O·盖瑞的西班牙毕尔巴鄂的古根海姆博物馆背山而立，深得盖伊喜爱，也列入现代主义的杰作。盖伊写道，“曲线丰富的建筑被巨人之手胡乱扫作一堆”，于是建筑与雕塑合而为一。笔者怀疑，盖伊是不是扩大了现代主义的范围，从而轻轻地把数十年来喋喋不休的“后现代主义”像蜘蛛网一样抹去了。德国现代主义建筑大师格罗皮乌斯于1919年在魏玛创办包豪斯工艺美术学校，二十年代的德国不能容忍包豪斯的明快风格，1933年学校解散，与包豪斯相关的大量设计人员流失，很多移民美国，俄裔抽象派画家、长期在该校执教的康定斯基则去了法国。格罗皮乌斯和另一位现代主义建筑师密斯·范·德·罗移民美国。格罗皮乌斯多年任哈佛建筑系主任，还创立“建筑师合作事务所”（TAC），留下了很多有名的作品。纽约艺术研究院院长瓦尔特·库克有一句口头禅：“希特勒是我最好的朋友。他摇树，我接苹果。”欧洲移民再加上美国自身文化实力的提升，现代主义中心就由伦敦、巴黎和柏林转移到纽约。盖伊对现代建筑运动的主将法国建筑师兼画家勒·柯布西耶不怎么热心。勒·柯布西耶太激进，竟说“房子就是让人生活在其中的机器”。重实用、轻装饰的风格在建筑尚未成为一门艺术的地方一旦流行，毫无设计特色的钢筋水泥加玻璃的方盒子平顶楼房也可能彻底破坏城市的风景。

经常有人将三十年代的德国建筑中的新古典主义视为法西斯主义美学，盖伊也有这一倾向。作曲家理查德·施特劳斯担任过纳粹德国音乐局局长，仅仅因此就将他的作品定性为法西斯音乐就有点简单粗暴了。（爱德华·萨义德对施特劳斯评价很高。）同样，莱妮·里芬斯塔尔的1936年柏林奥运会纪录片也不完全是为了“激起民众参与举国孤注一掷的狂热和自我欺骗的热情”。二十世纪的美国没有产生普罗科菲耶夫和肖斯塔科维奇那样伟大的作曲家，盖伊以八页的篇幅写美国本土作曲家查尔斯·艾夫斯，有点令人费解，也许他心目中的理想读者是美国人。艾夫斯的作品体现不出现代主义的基本特色。

文学中的现代主义

盖伊在王尔德和道格拉斯的同性恋关系上落墨较多，有点

“政治正确”。我以为王尔德入狱后的反思才是更可贵的。王尔德在伦敦街头出名的时候，还没有什么值得注意的作品。他靠自己的穿着打扮和社交场合的言谈取胜，成为一件行走的艺术品。波德莱尔在《浪荡子》（1863）里写道：“这些人被称作雅士、不相信派、漂亮哥儿、花花公子或浪荡子，他们同出一源，都具有同一种反对和造反的特点，都代表着人类骄傲中所包含的最优秀成分，代表着今日之人所罕见的那种反对和清除平庸的需要。……浪荡子的美的特性尤其在于冷漠的神气，它来自决不受感动这个不可动摇的决心，可以说这是一股让人猜得出的潜在的火，它不能也不愿放射出光芒。”（郭宏安译）这段文字是王尔德步态、神情的绝妙写照。王尔德的戏剧、诗歌和散文写作并没有明显的现代主义特征。

《现代主义》中评卡夫卡、亨利·詹姆斯、詹姆斯·乔伊斯、弗吉尼亚·伍尔芙、普鲁斯特、艾略特和加西亚·马尔克斯等作家的文字都透出盖伊独特的感悟力，不过这些作家好像没有震惊中产阶级的冲动。盖伊说，戏剧方面的现代主义以瑞典的国宝斯特林堡为最，尤金·奥尼尔称他是“摩登之中最摩登者”。但是先驱也往往是与时代潮流相反而行的。易卜生关心妇女问题，而结过三次婚均不成功的斯特林堡却患有最最恶毒的仇女症。盖伊略去布莱希特对德国戏剧的巨大贡献不谈，是不是因为布莱希特二战结束后定居民主德国？布莱希特受中国传统戏剧，影响发展出一套讲究间离效果、对立于斯坦尼斯拉夫斯基体系的理论，同样是现代主义的一部分。

盖伊低估了现代主义发展过程中外来因素的作用，因此他的具体选择有不少可以商榷的地方。比如埃兹拉·庞德。休·凯纳曾经称二十世纪初期到中期是“庞德的时代”（见休·凯纳同名著作），但是在《现代主义》中，庞德被边缘化了。盖伊三次引用庞德的口头禅“推陈出新”（make it new），可惜没有给庞德以现代主义先锋的地位。艾略特在《埃兹拉·庞德的韵律和诗作》一文说到这一现象：对庞德作品持有某种见解的人不少，这些人中间，“有被他惹恼的，有为之震惊的，有被他触怒的，还有那么一两位觉得自己的尊严受到了侵犯”（苏薇星译文），这不正是现代主义的标记吗？庞德 1908 年在威尼斯出版小小的诗集《灯火熄灭之时》，伦敦《旗帜晚报》称之为“鲜活不羁、惊心动魄”，接下来庞德就到伦敦掀起一阵飓风，诗歌中的意象主义就是他大力倡导的。这又离不开庞德整理美国东方学者费诺罗萨的汉诗译稿，从而痴迷汉字和汉诗。二十年代庞德移居意大利，二战期间他是罗马电台的常客，数百次对美国听众发表广播讲话。盟军攻占意大利时，庞德因叛国罪被捕，后入住精神病院，继续他的创作和中国典籍的翻译，“苟日新，日日新，又日新”是他的座右铭。五十年代后期，在一些著名作家诗人的呼吁下，法院撤销对他的指控，庞德获释后重返意大利终老。庞德在他的经典之作《诗章》中嵌入了很多汉字，有的字重复出现。

十九世纪后期欧洲出现的“日本风”也应该是盖伊考察的对象。日本浮世绘于 1867 年展出于巴黎博览会，立即引起极大的关注。印象派画家几乎都受到日本画法的启迪，莫奈的花园是日本文化的产物，睡莲也是源自东方。莫奈夫人曾穿和服给他做模特，这是《穿日本和服的卡美伊·莫奈》的来历。梵高收集浮世绘，临摹过浮世绘，名作《唐吉老爹》画的就是专卖浮世绘的“唐吉老爹”。今年10月21日东京国立西洋美术馆“北斋和日本风”开展，这将是“日本风”的全面体现。

不拘一格爱艺术

本书中译本保存了原著的所有注释，还有一份用小字号排出、长达28页的“参考文献评述”，书名和作者名都不译，这是方便读者的好做法。读完译林出版社这本好书后，最想说的话是不必跟着现代主义大师否定具象的艺术。英国的卢西安·弗洛伊德（弗洛伊德孙子）的画风接近现实主义，并不是他的缺点。前面提到的乔治·艾略特没有对中产阶级的仇恨，她只想写出生活的本来面貌来，因而特别推崇十七世纪荷兰画家笔下逼真的人物。当时荷兰画派所反映的就是中产阶级的日常生活，所有的细节是十分感人的。扬·维米尔（1632—1675）一生在荷兰小城代尔夫特度过，作品不多，但是他巧用光线和色彩，重视细节的逼真。维米尔长期受忽视，一直到十九世纪中期（亦即彼得·盖伊所说的现代主义发轫期）才被重新发现，随后维米尔的现实主义风格得到越来越高的评价，可见现代主义的趣味从来没有绝对统治艺术界。代尔夫特温馨亲切的街景和屋内的各类栩栩如生的人物都可以引起“中产阶级”的联想。维米尔作品现在仅存三十余幅，但是他也许就是当今最受追捧的画家之一。美国二十世纪最伟大的画家不是波洛克，而是以写实见长的安德鲁·怀斯。在《克里斯蒂娜的世界》和怀斯为邻居妇女海克尔画的系列写生中渗透着非言语所能表达的情感。改革开放后的中国年轻画家受到怀斯的启示，不再唯现代主义马首是瞻。

大约十年前，笔者听一位小朋友说，他跟父母随旅游团去英国，在伦敦的时候，导游带团参观博物馆、美术馆，想不到小朋友的母亲对导游发脾气了：“你能不能快一点，我们要去购物！”当时很多游客到了国外，首先惦念的就是买名牌，近年来国人的海外旅游上了档次，不过补一补广义上的文学艺术课，还是非常有必要的。《现代主义》堪称十九世纪中期以来的欧美艺术指南，适合于普通读者。当今国内很多机构和个人资金雄厚，他们最大的心愿是到各种拍卖会上把国内流出去艺术品竞拍回来。如果中国竞拍者全部退场，那些源自中国的拍品价格会不会猛跌？有财力的人士不妨多多了解中国以外的艺术，买一些外国的艺术品，丰富我们对世界的认知。同时，也要养成勤访博物馆、爱护馆内或乡野文物的习惯。美籍英国文学教授唐纳德·斯通（Prof. Donald Stone）自幼收集欧洲版画，他每年秋季来北大执教一学期，每次都会带来一次专题版画展。寒假一开始，他就回到纽约和巴黎，开始准备下一次展出。国外画商也为他的热情所感动，往往在价格上作出较大的让步。斯通教授十年如一日，为北大收集的版画达到五百幅之多，全部捐赠给北大赛克勒考古与艺术博物馆。如何做到物尽其用，让这些藏品多多进入公众视野，还是一个课题。目前我国不缺少资金，缺少的是世界视野和无私的爱好。我们还需要更多像《现代主义》这样的好书。

东海西海，心理攸同

——从中国现代文学的发生看中外文化的融通

在哈佛大学燕京学社会议室，悬挂着晚清重臣陈宝琛（1848—1935）的一副贺联：“文明新旧能相益，心理东西本自同。”燕京学社成立于1928年1月初，当时陈宝琛已年届八十，但是他的思想却是很开明的。九十年过去了，文明之间的交流互鉴显得更为必要。

目前有一种观点值得关注：中华文明或文化自成一体，与其他文明的差异非但不可避免，而且永存。这观点还暗含一个前提，即中华文明几千年一脉相承，带着自身固有特点，不同于其他文明。我认为，任何文明都是在复杂多元的历史过程中产生、发展、演化的，有一定程度的偶然性，不具不变的本质、纯正的血统[①]；一国的历史应该放到动态的世界史背景下考察，很多想当然的“固有”特征是描述、建构起来的，比如“中华民族”这个概念一直到近代中国才出现，并非“古已有之”。文化习俗上的差别也不应该绝对化、本质主义化。如果以历史的长镜头考察各国、各文明，不难发现，彻底与周边国家、文明绝缘

① 韩愈《原道》一文中的“道”就像器物，譬如一块传国玉玺：“尧以是传之舜，舜以是传之禹，禹以是传之汤，汤以是传之文、武、周公，文、武、周公传之孔子，孔子传之孟轲，轲之死，不得其传焉。”脱离复杂的社会、历史过程谈“道”是否恰当，是应该讨论的。

的现象根本不存在。

中国文化得益于文化融通的例子极多。西亚青铜器的历史比商周青铜器更久远，青铜器未必起源于华夏本土。佛教早在汉朝就传入中国（详见许理和《佛教征服中国：佛教在中国中古早期的传播与适应》、汤用彤《汉魏两晋南北朝佛教史》），佛经的翻译对我们的语言文化也贡献极大，“世界”“觉悟”这些词汇实际上来自佛经。隋朝之前，黄河流域的居民就很混杂，到了唐朝，东西南北多方向的交流、融通就更加广泛，美国汉学家薛爱华的《撒马尔罕的金桃》一书有详细的记载。唐代文学发达，但是七言诗的形式也可能由敦煌的“变文”蜕化发展而来，宋元间所产生的诸宫调、戏文、话本同样源自“变文”。郑振铎在撰写中国文学史的时候，对文体的播迁和文学融通的现象十分重视。元杂剧之所以也称“度脱剧”，主要因为剧中讲的故事反映了凡人皈依佛道“度脱”的过程。

十九世纪中期以后，传统读书人中的先觉者痛切意识到，文人不能沉醉于自我欣赏，再不通过各种渠道睁眼看世界，自己的国家和文化将面临被开除地球球籍的危险。严复、林纾翻译的人文社会科学著作和各国小说成为他们认识他人以及自我的窗口。世纪之交大量汉语双音节词汇（比如“社会”和“科学”）从日本进入中国，在语言的层面推动了现代化进程。比较产生焦虑，焦虑又化为变革的动力。晚清官员、学生不到国外就想不到文言一致的便利，难怪白话文运动部分源自留美学生。

中国现代文学产生于晚清的翻译浪潮，不可能用狭隘的民族主义眼光来谈论。没有这持续的翻译事业，主张国际主义的马克思学说也不可能传播到中国。传统文人看重功名和诗文，拥有无数读者的小说在他们心目中的地位反而较低。但是到了晚清，情况变了，小说的社会功能、艺术潜力逐渐为知识界所认识。中国现代文学的发端和繁荣与传教士以及外国文学的翻译引进有着千丝万缕的联系。甲午战争之后，英国传教士傅兰雅在《申报》和《万国公报》上以广告的形式“求著时新小说”，他注意到中国有着很大的小说市场，希望有识之士借新小说的形式抨击时文、鸦片、缠足三大时弊，于是悬赏丰厚润格，并答应择优秀者印行，在短短的时间内收到应征参赛的稿件162种[①]。一两年后，中国士大夫也突然醒悟，意识到“说部”的奇妙社会功能，如严复和夏曾佑在《本馆附印说部缘起》中写道：“夫说部之兴，其入人之深、行世之远，几出于经史之上，而天下之人心风俗，遂不免为说部所持。”梁启超则将社会风气的糜烂归罪于通俗小说，国人要振厉末俗，改造社会，必以白话（“俚语”“俗语”）小说开始。他深感本土资源还不敷使用，因而提倡译印域外政治小说。

译印域外小说，功劳最著的当然是林纾。1898年入夏不久，任职于马江船政局的留法学生王寿昌邀他合作翻译《巴黎茶花女遗事》。己亥年（1899）正月，林纾移家杭州，执教东城讲舍，大约就在此时，译作在福州刻竣。后来这部小说有多种版本行世，清末译风大盛，第一部真正流行而且感动文人学士的外国文学

① 其中150种现存美国加利福尼亚州大学伯克利分校图书馆，已由上海古籍出版社于2011年1月出版（《清末时新小说集》，周欣平主编）。

作品，非《巴黎茶花女遗事》莫属。“可怜一卷茶花女，断尽支那荡子肠。”严复这两句诗形象地道出这部法国小说中译本的流行程度。从1899年开始至1923年，林纾翻译了欧美以及日本百余位作家的作品共187种（其中24种未刊），他的译作打开一个观察外部世界政俗民情的窗口，也为国人竖起一面自我认知的镜子，其融通中外文学与文化的巨大作用是后来者难以企及的。1924年10月9日，林纾在京病逝。一个月后，郑振铎在《小说月报》上发表《林琴南先生》一文，对他作出较为全面的评价。他先说林纾守旧的不是[①]，然后从三方面总结他对中国文坛的贡献。首先，林译小说填平了中西文化之间的深沟，读者近距离观察西方社会，“了然的明白了他们的家庭的情形，他们的社会的内部的情形……且明白了‘中’与‘西’原不是两个绝然相异的名词”。总之，“他们”与“我们”同样是人，并无本质上的差异。其次，中国读书人以为中国传统文学至高无上，林译小说风行后，方知欧美不仅有物质文明上的成就，欧美作家也擅长文字，可与太史公比肩。再者，小说的翻译创作深受林纾译作影响，文人心目中小说的地位由此改观，自林纾以后，才有以小说家自命的文人。

郑振铎所归纳的林纾的贡献，尤其是第一个贡献，还值得进一步评说。在1924年的中国，知识界还是有不少人喜欢用本质主义的语言来界说中西文化和价值观上的截然对立，就此而

① 其实林纾并不保守，早在十九世纪末就用白话创作《闽中新乐府》，新文化运动期间，在维护古文的同时依然创作了很多讽刺时弊的白话打油诗（或称“讽喻新乐府”）。

言，全面否定或肯定中国文化的人士（比如陈独秀和梁漱溟）是一个铜板的两面。林纾则一直相信，中外各国各有传统，但是传统没有高墙，不是彼此绝缘的；中国的很多价值具有普适性，超越文化与宗教的疆界，“与万国共也”，反之亦然。可见林纾已有人类共同体的观念。清末多数士人抱残守缺，严拒外国，自以为中华道德高尚，林纾在《英孝子火山报仇录序》（1905）批评了井蛙的妄自尊大：“封一隅之见，沾沾以概五洲万国，则盲论者之言也。”这些“盲论者”认定欧洲为“不父之国”，林纾讽刺他们为“宋儒”：“宋儒严中外畛域，几秘惜伦理为儒者之私产。……五伦者，吾中国独秉之懿好，不与万国共也。则学西学者，宜皆屏诸名教外矣。”译介域外小说，恰恰是要打破人为制造的“中外畛域”，让国人看到，欧美人士也珍视人伦亲情，不能“右中而左外”。林纾从自己所译小说《鹰梯小豪杰》看出外国人在忠孝友悌上丝毫不逊于中国人，翻译时大受感动，“泪沘者再矣”。接着他如此为自己的翻译事业做一小结：“计自辛丑入都，至今十五年，所译稿已逾百种。然非正大光明之行，及彰善瘅恶之言，余未尝着笔也。”同样的观点也见于他 1919 年春致蔡元培的信中：“外国不知孔孟，然崇仁、仗义、矢信、尚智、守礼，五常之道，未尝悖也，而又济之以勇。”早在一百年以前，这位捍卫古文的所谓保守人士能在自己译作中见证中外伦理价值的融通，真是令人敬佩。

鲁迅走上文学创作之路，也是与林译小说和外国文学的激励分不开的。1904 年 10 月 8 日，留学日本的鲁迅在给蒋抑卮信中说：“尔来索居仙台，又复匝月，形不吊影，弥觉无聊。昨忽由任君克任寄至《黑奴吁天录》一部……乃大喜欢，穷日读之，竟毕。……曼思故国，来日方长，载悲黑奴前车如是，弥益感喟。”鲁迅和众多国内读者一样，在林纾所给定的接受框架里来理解这部十九世纪中叶的美国通俗小说。也正是在这一年，鲁迅弃医从文。1907年，鲁迅又作《摩罗诗力说》以表示他对尼采、拜伦和裴多菲等“精神界之战士”的仰慕。他的参照系完全是外来的：“上述诸人，其为品性言行思惟，虽以种族有殊，外缘多别，因现种种状，而实统于一宗：无不刚健不挠，抱诚守真；不取媚于群，以随顺旧俗；发为雄声，以起其国人之新生，而大其国于天下。”《摩罗诗力说》虽用古文写成，其气象格局却是全新的，堪称中国现代文学批评的发端之一。文中谈得最多的就是拜伦①。1909年，鲁迅与其弟周作人在东京先后出版《域外小说集》第一册和第二册，共收外国短篇小说16篇②。鲁迅对弱小民族文学的偏爱此时已露出端倪，但是他还是像林纾那样用古文翻译。鲁迅后来标举的“拿来主义”不妨理解为广义上翻译事业的别称。

小说《黑奴吁天录》也催生了中国现代戏剧的诞生。1906年冬，李叔同、欧阳予倩等留日学生在日本东京组成中国第一个话剧艺术组织“春柳社”，该社受早稻田大学坪内逍遥主持

---

① 拜伦的《哀希腊》本是《唐璜》第三章中的一首歌曲，在二十世纪初有多种译文，传诵一时。广大读者在十九世纪初奥斯曼帝国统治下的希腊和当时自己的祖国之间发现诸多相似之处，故而会对这样的诗行产生强烈共鸣：“我不要奴隶的国度属于我——/ 干脆把那萨摩斯酒杯打破！”《唐璜》的译者查良铮（穆旦）是九叶诗人之一。

② 1921年，上海群益书社出版《域外小说集》增订本。

的文艺协会影响，也称“春柳社文艺研究会”，但专设“演艺部”。春柳社首次登台亮相是于1907年2月11日在东京的中华基督教青年会馆演出《茶花女》第三幕。并于1907年6月1日和2日在东京上演话剧《黑奴吁天录》，剧本系曾孝谷根据林纾、魏易的中译本改编。演出由日本著名戏剧家藤泽浅二郎指导，大受欢迎。剧本今已不存，但编者曾孝谷的本意是借黑奴汤姆的故事来“警醒国人民族独立之魂”，这恰恰也是林纾翻译小说的用意。这次演出比较正规，东京主要报刊上都登载了演出预告，话剧的宣传海报上还录有林纾译本序言上的一段文字①。1914年春柳社在上海首演易卜生的《玩偶之家》，不愧为中国现代戏剧的重要里程碑，而1918年6月的《新青年》（第四卷第六期）是“易卜生专号”，胡适为专号撰写的《易卜生主义》成为新文化运动中最重要的文献之一。娜拉走出家门一时变为妇女解放运动的象征。田汉曾以“中国未来的易卜生”自许，他在1916年至1922年赴日本留学，通过大正时代的剧坛进一步感受到欧洲现当代社会问题剧的冲击。美国拨出部分庚子赔款创设的清华学校（清华大学前身）也多举办业余戏剧活动，我国话剧事业奠基人之一洪深是清华学生，他在1916年留美之前就创作了《卖梨人》和《贫民惨剧》。曹禺三十年代初毕业于清华大学外文系，钱锺书是他的同学。他写《原野》的时候（1933）还是英文专业四年级的学生，他的这部处女作和名气更大的《日出》都受到美国剧作家尤金·奥尼尔的启发，甚至

① 详见刘平著《中日现代演剧交流图史》，生活·读书·新知三联书店，2012年，第一章。

有雷同之处。出生于晚清的戏剧界元老均有游学欧美的经历：上海戏剧学院首任院长熊佛西在二十年代留学哈佛，著名导演、编剧黄佐临留学英国，北京人艺剧场的创立者焦菊隐留学法国。

当然，国内的教会学校的教师组织学生排练外语戏剧就更早了，上海的圣约翰大学学生在1896年就用英语演出莎剧《威尼斯商人》[①]。各种各样的教会学校在中国社会和教育现代化转型期起到文化融通的示范作用，不能轻描淡写。男女平等是教会学校的办学理念。冰心就读北京贝满女子中学五年，1918年考入协和女子大学，第二年该校并入当年新成立的燕京大学。这几所学校都是教会办的，燕京大学的校训是“因真理，得自由，以服务”，在“读书做官”的大环境下别开生面。冰心信奉爱的哲学，得归因于基督教教义的影响。她在燕京大学和美国威尔斯理学院读的都是英国文学。

胡适提倡白话文，《尝试集》是他留学美国期间的作品，这又一次见证域外资源与现代文学的联盟。陈独秀的《文学革命论》作于1917年2月1日，最后一段号召豪杰之士以法国、德国和英国的作家为楷模，开创文学新天地：“予爱卢梭、巴士特之法兰西，予尤爱虞哥、左喇之法兰西；予爱康德、赫克尔之德意志，予尤爱桂特郝、卜特曼之德意志；予爱倍根、达尔文之英吉利，予尤爱狄铿士、王尔德之英吉利。吾国文学界豪杰之士，有自负为中国之虞哥，左喇，桂特郝，卜特曼，狄铿士，王尔德者乎？有不顾迂儒之毁誉，明目张胆以与十八妖

① 详见徐以骅主编、上海圣约翰大学校史编辑委员会组编《上海圣约翰大学（1879—1952）》，上海人民出版社，2009年，第22页。

魔宣战者乎？予愿拖四十二生的大炮，为之前驱。”没有《新青年》杂志这种超越本土传统的气魄，何来现代文学？1918年5月该刊发表鲁迅的《狂人日记》，如果说这是第一部现代白话文小说，那么它与果戈理的同名作品形成互文关系。鲁迅读过果戈理的《狂人日记》，有意借用题目书写自己对本土文化的批判与再造。

郭沫若与胡适同为新诗开拓者，《女神》初版于1921年8月，或许是“五四”新文学运动中影响不亚于《尝试集》的一部诗集。这本集子的最显著特点就是融通性，作者不仅直接引用了英文、德文和日文，还多次请出希腊和罗马神话中的神祇。《匪徒颂》里的造反英雄十八位，只有“兼爱无父”的“墨家巨子”是本土的，文学艺术界的反抗者分别由罗丹、惠特曼和托尔斯泰来代表：

> 反抗古典三昧的艺风，丑态百出的罗丹呀！
> 反抗王道堂皇的诗风，饕餮粗笨的惠特曼呀！
> 反抗贵族神圣的文风，不得善终的托尔斯泰呀！
> 西北南东去来今，一切文艺革命的匪徒们呀！
> 万岁！万岁！万岁！

没有诗界如此激进的响应，没有域外资源的充分发掘和挪用，陈独秀的“文学革命”只会半途而废。俞平伯、艾青、戴望舒和李金发等新诗开拓者也都曾游学欧美。

中国现代文学的奠基人、开拓者都在翻译、评论或外国文学研究方面有所建树，这在漫长的中国文学史上是稀见的。周氏兄弟自不必说，茅盾在 1921 年一年里就翻译短篇小说和评论 130 余篇，巴金和郭沫若的译作更加可观，老舍早在二十年代就执教伦敦大学，对英国文学见解独到，他还翻译过萧伯纳。新月派诗人、作家大都擅长英文，闻一多留学美国，梁实秋甚至翻译了莎士比亚全集。民国年间大学外文系的师生对现代文学的贡献之大超出了我们的想象。九叶诗人中多数都曾是外文系的学生。著名英国文学学者王佐良先生也在清华学英国文学，1939 年毕业于西南联大，他长期坚持新诗创作，成就斐然。张爱玲也在香港大学读英文系。外文系的学生长于创作，也可以从台大英文系学生白先勇、陈若曦等人的成就得到印证。甚至可以说，始于明治时期的日本现代文学带有同样的特点。1948 年，朱自清在《关于大学中文系的二个意见》里指出：“中国的新文学是对旧文学的革命，是另起炉灶的新传统，是现代化的一环。……要传授它，单将它加进旧文学的课程集团里是不够的，我们得将它和西洋文学比较着看，才能了解它，发展它。”因此，要在外文系而不是中文系培养新文学的人才[①]。

中国现当代文学的孕育机制也突出了融通的主题。商务印书馆的《小说月报》早在 1910 年就创刊了，茅盾在 1920 年任主编，此前他在商务的英文部工作。第二年该刊第一号公开主张现实主义的文学并迻译西欧名著：“西洋文艺之兴盖与文学上之批评主义相辅而进；批评主义在文艺上有极大影响，能左右一时代之文艺思想。同人因此将先介绍西洋之批评主义以为之导。”

---

① 转引自于治中《现代性与“文学”的诞生》，载《文学评论》2019 年第三期，第 56 页。

从此之后，《小说月报》为大量外国文学作品腾出版面，还出了法国、俄国文学研究增刊和一些外国作家的专号。该刊组织讨论的话题至今仍不失其意义，比如“翻译文学书”“语体文欧化”和“自然主义”等等。1934 年，鲁迅先生在茅盾协助下创办了只刊载翻译作品的杂志《译文》。几经周折，这份杂志在五十年代初恢复发行，由茅盾先生主编，很快在文学爱好者中赢得很高的声誉。1959 年，《译文》更名为《世界文学》，至今已整整一甲子。改革开放后，《世界文学》和《外国文艺》等专门翻译介绍各国现当代文学的刊物把融通作为办刊理念，大大激发了当代中国作家的创作活力。对后者而言，《百年孤独》和《聊斋志异》并不是互相排斥的，世界文学与中国文学之间，没有壁垒，不存在不可逾越的鸿沟。“世界文学”的概念在我国流通已久，一个重要的原因就是《世界文学》杂志的影响力。

改革开放初期，上海译文出版社的《外国现代派作品选》（第一册，上下卷，上海文艺出版社，1980）初版印了五万册，受欢迎的程度由此可见。编者袁可嘉、董衡巽和郑克鲁来自中国社科院外国文学研究所，而袁可嘉还是九叶诗人之一。当时外文所的所长冯至既是德国文学的翻译研究者，也是积有数十年创作经验的抒情诗人，得到过鲁迅的赞赏；英美室的卞之琳专治莎士比亚，他的新诗成就同样不必多言；英美室的杨绛和冯宗璞都曾在清华大学读外文系，同为当代中国最为杰出的女性散文家、小说家；法文专业的李健吾是翻译家，也是多产的剧作家、散文家。钱锺书原属文学研究所的西方组，实际上也是外文所的一员，他是在五十年代被郑振铎借到古代组去选注宋诗的。为什么外文所这些外国文学专家、翻译家能取得非凡的创作成就？道理说来很简单：他们参与建设了现代文学的大厦，是融通精神的实践者。贯串《管锥编》的难道不正是这种精神吗？东海西海，心理攸同。

在不同国别的文学里，关于人性各种形态的精彩描写将有效拒绝形形色色的原教旨主义以及与之相伴随的文化本质主义。以史为鉴，就会对有意为之的无知、自我封闭和个别国外人士（如马丁·雅克）迎合当下本质主义的言论保持警觉。与历史相比，文学具有细致入微、丰富多变的长处。如今世界各国交往日多，融通的观念和实践将抵制关于非洲人或美洲人或中国人的程式化、脸谱化描写，挑战关于犹太人或阿拉伯人或日本人的偏见。在此我要转到奥德修斯的话题。

奥德修斯（Odysseus，罗马名字为 Ulysses，即尤利西斯）是希腊神话中伊萨卡岛的国王。荷马史诗《奥德赛》（*Odyssey*）描述了这位英雄在特洛伊战争后历时十年的回乡之旅，书名在英语中也用来泛指长途冒险旅行。英国数学家、哲学家怀特海在他的名著《科学和现代世界》中如此写道：

> 人类精神上的远航（案：原文为 Odyssey）必须由人类社会的多样性来供给材料和驱动力。习俗不同的其他国家并不是敌人，它们是天赐之福。人类需要邻人具有足够的相似之处以便互相理解，具有足够的相异之处以便引起注意，具有足够的伟大之处以便引起羡慕。我们不希望人们具有一切美德，如果有的事物怪异到有趣的程度，我们就应该满足了。

参与“人类精神上的远航”必须超越本质主义，必须具备融通情怀，拒绝分离和排斥。在这里我还要提一下冯至。他早在二十世纪二十年代就开始了文学生涯，出了两本诗集，1930年赴海德堡大学攻读德国文学，1935年取得博士学位后回到中国执教。抗日战争期间，他曾在迁往云南的西南联大任德文教授。在战争的阴影下，他于1942年出版了《十四行集》。这本薄薄的诗集汲取了里尔克《献给奥尔甫斯的十四行诗》的营养，也展示了战争经历激发出来的灵感和一位中国现代诗人开放自信的胸怀。十四行诗是欧洲文学特有的一种形式，冯至却大胆拿来加以改造。他在其中一首用威尼斯象征人与人、民族与民族之间的相通相连。威尼斯也称作“岛城”“水城”和“桥城”，冯至将这些意象交织在一起，使之道出人类团结和文化融通的真谛：

我永远不会忘记
西方的那座水城，
它是个人世的象征，
千百个寂寞的集体。

一个寂寞是一座岛，
一座座都结成朋友。
当你向我拉一拉手，
便像一座水上的桥；

当你向我笑一笑，
便像是对面岛上
忽然开了一扇楼窗。

站在这样的桥上，两边都是敞开的窗户——这是一个融通的意象。类似的桥也可能以不同的形式存在于威尼斯之外的任何其他地方。

文学中的伦理：可贵的细节

谈伦理价值，作家、批评家绝不比哲学家、伦理学家逊色。说到底，文学是对“应该如何生活”这一问题的无比丰沛、细腻而又复杂的探讨。“探讨”这个词预设了还有未知领域这一前提。伦理是发展变化的，深深嵌陷在一定的历史过程、社会场域中，不能用绝对的、静止的观念来看待。不同的时代有不同的伦理观，社会基础、生产方式变了，伦理观也在发生变化。亚里士多德在写著名的《尼各马可伦理学》的时候就没考虑到奴隶也是人，应享有同等的权利。

谈文学与伦理的关系，还必须提倡比较的眼光。当代读者难以欣赏《荷马史诗》里的一些血腥的场景，究其原因，不外乎今人对生命的态度不同于古人。还要留意同一时段中不同传统的差异。希腊悲剧表现出很强的城邦（国家）意识，中国的先秦文学就不然，战国时期的游士朝秦暮楚，看重个人待遇，国家意识几乎没有。伍子胥从楚国逃到吴国，后来带着吴国的军队消灭楚国，甚至有鞭尸的极端行为。但是对伍子胥以及一代代的中国读者来说，孝子为父报仇雪恨才是“春秋大义”，马虎不得！人们不会觉得这个故事未能突出价值冲突（对家庭的忠诚和对国家的忠诚）是一种缺憾。冯至先生在《伍子胥》里只写到伍子胥逃亡吴国就结束了，略去了主人公率吴国军队灭楚的情节。冯至先生在抗战期间写这部小说，不可能不意识到国家观念，无法写下去了，这恰恰说明：伦理观受历史的影响，同样可欲求的伦理价值也可以发生冲突。“义”是一个伦理范畴，但是史籍中和传统小说记载的“仗义”之举往往重个人间的交情（如甲受恩于乙）或（仿）血缘关系，未必基于公道和正义。在这样的社会，共同体意识、公共精神是缺失的，家庭是一个个单子，陌生人之间不讲信任。

如果伦理不能全然超越历史的进程，就不宜绝对化。雨果小说《九三年》里的教士西穆尔丹就是个价值绝对化的人物。他愿意无条件地奉献自己的一切，但是他又毫不留情，一颗巨大的灵魂容不下一点人情。他追求崇高，甚至也意识到自己崇高：“但他是在孤立之中，在崎岖中，在冷冷的疏远中表现崇高，在四周的悬崖峭壁中表现崇高。高山就有这种险恶的童贞。”原教旨主义者容不得人情，随时愿意为“险恶的童贞”杀害生命。比如西亚某国一姑娘爱上一位男子，并且怀孕，她的男性家属认为此事有辱门楣，自作主张将她公开处死（即所谓的“honour killing”）。一个在社会层面上肯定“自由、平等、公正、法治”的国家是讲人道的，绝不容许这样的暴行。“舍生取义”这一成语听起来很对，实际上应该细细推敲。一部历史片里一位姑娘受到侮辱，要投井自杀，边上几位男性人士不去劝阻，反而说“成全她吧”，仿佛她“节女”“烈女”的名声高于一切。鲁迅会如何看待“险恶的童贞”？

既然伦理观不是绝对的，一个人必须与自我保持一点距离，要有点自我怀疑的精神，这是伦理学的一大要义。也就是说，必须尊重他人，善于倾听，对自己是否正确有所怀疑，对自己的主张有所保留。正是在此基础上，才有理性交往、对话、协商的可能。以一己的是非为绝对是非，实际上是“君临天下”的暴君伦理，无法形成容忍异己的氛围。一个和自己黏合得太紧的人不会有自知之明，也不会受伦理观念的约束。幼儿的视角是单一的，他们不能跳脱出自己的直接感受，无法设身处地地从别人的角度观察、考虑问题。易位思维、想象的能力是一种伦理的能力。在社会制度的中介下，儿童产生了社会意识，既有我，又有人，学会用“公正的旁观者”的眼光来审视自己，而认识现实的过程也就是破除自我中心的过程。在优秀的文学作品里，人物总是能在发展的伦理价值框架中发现一些自己价值体系中的盲点，然后消化夹生的经验，有所振作，有所改变。

在二元对立的道德世界里真理是简单的，一切都在人妖之间（君子小人），黑白（是非善恶）之间。持这样观点的人自以为是，设定自己是君子，是一切美好价值的化身，而异于己者必定是小人、恶人，必消灭而后快。世界历史上多少可怕的悲剧假正义之名而行，责任人都以自己为绝对正确。一个对社会实施可怕报复计划的人不会承认服膺“假恶丑”，他往往自以为在上苍的引导下实行“诗的正义”。

讨论文学中的伦理必须具体入微，不能搬出一套套抽象空洞的伦理观念来遮掩懒惰和庸俗。说人伦纲常的大话太容易了，即便说得头头是道又如何？鲁迅说，中国读书人善于“假借大义，窃取美名”。梁山上的吴用这本领就十分高强，“替天行道”就称得上是“大义”和“美名”了。人往往很难诚实面对自己的动机，回避对动机的细察、辨析就没有文学中的伦理敏感性可言。金圣叹是古代文学里最细致的伦理批评家，《水浒》里的双枪将董平乘东平府受攻之际向他上司程太守重提亲事，遭拒后就记恨在心。他当初要斩梁山来使，被宋江手下两位女将俘虏后，竟顺势骂起贪官污吏来了：“程万里那厮原是童贯门下门馆先生，得此美任，安得不害百姓？”金圣叹在此批道：“此语为是公论？为是私怨？两边闪烁，便成佳致。”董平赚开城门后径奔私衙，杀了程太守一家，夺了他女儿。金圣叹点出董平的“私怨”，董平自己会咬定不杀程太守不足以平民愤。董平是一个原型人物，每个人身上都有着他的文饰基因。“文化大革命”期间的红卫兵互相斗得不可开交，他们都习惯于用冠冕堂皇的词语遮掩自己真实的动机。常人遇到任何事，自私的本能就会喷涌而上，但是这些本能出现在意识上就完全不一样，它们穿上了体面的衣服，让人心安。能够探讨复杂伦理议题的作品必须是敢于追问动机的，甚至是潜伏很深的动机。我以为我们的文学对动机的剖析是很不充分的。电影《红高粱》里余占鳌对着酒篓子撒尿，他要羞辱所有在场者，但是小便使高粱酒更醇美，结果（佳酿的秘诀）使得动机微不足道。但是在辛格的短篇小说《傻瓜吉姆佩尔》里，面包师意识到自己对着面团撒尿是对所有嘲笑过他的人施以报复，不可饶恕，于是把已经搅拌了尿液的面团从炉膛取出，全部埋到冰地里。这动机本身就是罪恶。假如他想到尿液会使面包有点咸香味，动机可以略去不谈，他就是生活在另一个伦理世界里。

既然拷问动机，就不能不讲个人的责任。我们一度相信，不近人情的冷漠和反社会的自私行为全都是社会造成的，彻底改造、掀翻这个社会，一切问题自动烟消云散（“根本解决”）。把一切罪过归咎于社会，那就否定了个人的责任。作家潘婧在九十年代写道：“我们怀着怨愤批判社会，批判时代，把自己放在受害者的位置上，轻而易举地摈弃了责任。当‘文化大革命’结束之后，几乎所有的人都选择了受害者的姿态。”分析自己最难。很多人渴望受害者的地位。因为受害者的身份一旦确立，你可以申诉，可以享有索求的权利，可以免去自己的责任。但是托多罗夫指出，争取受害者角色并不能使人在伦理上得益，“我们在道德阶梯上能够上进的唯一机遇在于承认自身的恶并与之作斗争”。最近媒体不断报道一些往日的红卫兵站出来忏悔“文化大革命”时期的恶劣行为，这就是善的觉醒。心灵在自我批判中会激发出更大的能量。莫言在第八届茅盾文学奖得奖后所发感言揭示了当代中国文学的新气象。他说：“揭露社会的阴暗面容易，揭露自己的内心阴暗面困难。批判他人笔如刀锋，批判自己笔下留情。”我们期待无情面对自己的杰作。

文学的教诲功能一般都体现于惩恶扬善，但是关于以何种适宜的方式惩恶扬善的讨论永无止境。以往诸多酷刑都是设计出来惩恶的，晚清之前，死刑犯有不同的死法，最残酷的就是凌迟。被惩罚者在广场受刑，接受社会的谴责、人们的笑骂。公开行刑貌似警戒，实际上却助长了漠视生命、践踏他人人格的暴戾风气，现场的看客甚至动起吃人血馒头的念头来。对生命的态度、对人的尊重，在不同时代表现形式是不同的。闹市斩决取消了，游街示众取而代之，两者性质略同。美国早期清教徒有强烈的惩恶冲动，如《红字》里海丝特被押解到高台示众。

霍桑说，这仪式初衷或许是教人为善，但是实际上却是以羞辱为目的，同样是反人性的；如若人们冷酷无情，将海丝特视为嘲笑的对象，那么她尽管身负红字，仍可以回报以“更冷酷、更轻蔑的微笑”。海丝特的丈夫齐灵渥斯一心复仇，以折磨牧师丁梅斯代尔为乐，在作者笔下，他反而更像恶魔。对惩恶的方式手段问题不敏感的文化在伦理上还是十分粗糙的。

即便是扬善，也有讲究。《鼠疫》里一些志愿者在疫病猖獗的时刻组织了卫生防疫小分队，值得夸奖，但是作者加缪却提醒读者，这些善举不宜广为宣传。他认为对高尚的行为也要有平常心，不能过于夸张其意义，不然褒奖会变成对罪恶的有力歌颂：“因为这样做会使人设想，高尚行为之所以可贵只是因为它们是罕见的，而恶毒和冷漠却是人们行动中常见得多的动力，这就是作者不能同意的地方。世上的罪恶差不多总是由愚昧无知造成的。没有见识的善良愿望会同罪恶带来同样多的损害。”在看似简单、绝对的地方做别样的文章，恰是作家和批评家不同于道学家的伦理责任。

对伦理问题敏感的人，必然对具体的细节感兴趣。文学的特点是具体细致，人物性格、伦理场景总是通过细节来呈现的。在现实生活中，那些把“真善美”“仁义礼智信”挂在嘴上的人很难赢得人们的敬重和友谊。如果一个国家只能用抽象、空洞的语言来培养人，那么这种道德伦理的教育很难有效，大道理很容易左耳进右耳出，小和尚念经有口无心。明清“圣谕”都是讲为人的大道理，听者可以把这些文辞背得滚瓜烂熟，却口纳心拒，不把它们的精神渗透到日常生活中去。晚清的民智民德民品如何？士风如何？是人们忘了那些美好的言辞了吗？培养一批好讲大话的人要比从小养成待人接物良好习惯容易得多。有人甚至发现，空谈一些重大话题反而容易导致社会的冷漠和堕落。十九世纪的欧洲，有的宗教信条不能透入人的情感，不能支配人的行为，与人们的内心生活断绝。心灵接受价值必须是主动积极的，价值或信仰内化以后就变成生命的热量、行为的动力，而不是一种撑门面的标榜。一位智者如此写道："鲜明的概念和活生生的信仰是没有了，代之而存在的只有一些陈套中保留下来的词句；或者假如说意义还有什么部分被保留下来，那也只是外壳和表皮，精华则已尽失去了。"这是真正值得关注的现象。抽象的伦理价值体系还无法深入内心，润物无声。一旦它有了文学的血肉，才有鲜活的生命力。不能呈现细节，不能讨论细节，那么文学中的伦理就是一堆枯枝败叶，那是马克思和恩格斯都不大看得起的"席勒化"的大喇叭。

当代中国文学是不是写得出平常而善良的人物？这是我期待于作家的。一个社会如果对善良失去兴趣，那将是非常可怕的。一味愤愤谴责腐败社会也会付出未曾预料到的代价。比如将一个善良的人置于滑稽可笑的场景，仿佛他完全不具备常人的判断力，于是他身上的善良品性也显得滑稽可笑，反而被消解掉了。过多的胆汁和怨恨会败坏识趣和观察社会复杂性的能力，作家和批评家也得拉开自己心灵里情绪的帷幕，放进一点欢乐、阳光与温暖的善意。文学中伦理价值的前景，也在于此。

作家和他/她的人物

——兼及移情与“消极能力”[①]

英国小说家伊夫林·沃在英国很有名，他的不少作品已经翻译过来了，比如《旧地重游》和《荣誉之剑》。他曾经写过一本传记，题目是《埃德蒙·坎皮恩：耶稣会教士与殉道者》（*Edmund Campion: Jesuit and Martyr*, 1935），谈十六世纪一位英国耶稣会（属天主教）教士的不幸命运。当时天主教在英国不合法，传教被理解为颠覆英国整个政治架构，极其危险。坎皮恩一度离开英格兰，到天主教势力比较大的法国活动，再回英国，结果被逮捕，因叛国罪获死刑，开膛破腹，死得很惨，梵蒂冈把他列为殉教者。十九世纪中期，天主教在英国得到认可，吸引了知识界一些人士。甚至可以说，英国国教新教徒改宗天主教还有点离经叛道的意味，很时髦。伊夫林·沃和他的朋友们皈依天主教，除了所谓的信仰，还有复杂的心理因素（可以比较一下王尔德）。人们一般会以为，沃自己是天主教徒，写坎皮恩传记的时候，心里会充满崇敬和同情，但实际上不是

---

① 本文是南京大学毕飞宇工作室学术系列讲座第一讲（2014年12月18日）讲稿，曾在《扬子晚报》刊出。在此谨向南大中文系的毕飞宇和叶子以及《扬子晚报》阅读版编辑赵翼如致谢。

这样简单。他在创作的最后阶段，写信给一位女友（后来成了他的第二任夫人），告诉她那本传记的进展以及自己短暂的旅行计划。他说，我正在一心一意对付坎皮恩，在火车上还要继续工作，下午动身之前，会把他逮捕，到达某地的时候，对他施以酷刑，然后开膛破腹，取出内脏。他在信上故意略去"写"字，谈到这些血淋淋的场景，凸显自己大权在握，好像很兴奋。

看起来伊夫林·沃在纪念他教会里的一位圣徒，但是他意识到自己变成行为的主体，口气是行刑者的口气。也许作者调皮，即便对一个他似乎应该非常尊崇的对象，也保持着一种巨大的调侃能力。可是读者会觉得他的幽默有点怪味，他在表示同情的时候也对酷刑表现出偷偷的癖好。从这个小小的例子，我们可以看出作家和人物关系是值得细细探讨的，也可以作为一个新的观察点。作家表面上在歌颂笔下一个人物，背后也会拆他的台，甚至带有恶意。《一九八四》里的男女主人公受尽折磨，他们应该是奥威尔认可而且同情的人物，有人读了之后却说，作者设计出可怕的场景，想象力未免太丰富了。这句话大概不是恭维。我们还可以通过其他一些具体的例子，来看作家和他 / 她的人物，并发掘出几个有趣的话题。

小说里的人物，写得成功的话，都有自己的生命，他们一步一步走向结局。人物也有反抗的时候，他们会对着自己的创造者抱怨，甚至抗议。有一部美国电影叫《笔下求生》（"*Stranger Than Fiction*"，2006），说一个女作家写故事遇到瓶颈，不知道如何叙述下去。男主角在税务部门工作，生活按部就班，太单调了，没有一点感情的波澜。我们发现税务官在电影里出现，他意识到自己是被女作家创造出来的：不知什么地方有那么一个人，拿着一支笔枯坐在书房里，竟然想限制他的行动，决定他的命运！于是他想抗争，想见一见作家。一方面女作家写这么一个人写不下去了，另一方面描写的对象变成了大活人，跟女作家一同出现在屏幕上，他们展开隐性的对话。税务官觉得作家处理他的方式不公平："你怎么能这样冷冰冰地对付我？你能拒绝我一次谈恋爱的机会吗？"这部电影揭示，作家和笔下人物的关系是很纠结的，有着情感上的互动。后来这个人物慢慢有了生趣，仿佛活过来了。现实生活中的税务官自然而然地变了，他有意要打破自己日常的节奏，学会欣赏他人，生活就丰富多彩了。后来他陷入了恋爱，不知不觉间发生的恋爱，完全不是那种有预谋的征服。恋爱的对象是谁？——饼干店的年轻女老板。他常去买饼干，女老板待人善良，有仁爱之心，他被打动了，生出一些奇妙的情愫，老想着去买饼干。能爱的人也是可爱的。是他自己在走他的路，还是女作家在规定他的生命轨迹？结果如何，这里暂且不说。

女作家在想：最终如何处理他？她与自己笔下创造出来的人物不断打交道，也生出感情与责任意识来了。他慢慢地成了她生活里的一部分。你也可以说他是作家的知心朋友，甚至像是孩子，作家不会随随便便地处置他。但他毕竟是个虚构人物，故事还是要有结局。小说是写完了，但是我们可以看出，命运不是必然的，可以变化，而且作家在写作过程中，因为有了与自己笔下人物的这段情感经历，也发生了变化。她对生活有新的理解，对他人有更多的同情，对自己有更多的警觉。她写出一部书来，体验了收获，也体验了损失，就像经历了刻骨铭心的友谊和爱情（不论结局如何），与写书之前的自我不一样了。

作家刻画人物总是费尽心思的，他/她如果对人物根本无所谓，就舍不得花费时间构思，舍不得编织出人意料又合乎自然的细节，让人物享有自己鲜活的生命。有些著作的原稿跟后来的定稿不一样，作者改了又改。原来这个人物的结局是这样安排的，后来有变化。研究者注意哪种安排更好，在这些改动中，我们看得出作家与人物关系之深。对人物性格刻画深度不一样，对读者的冲击和感染力也不一样。

作家在创造人物的过程里，有时候会受到一定的限制。比如他要考虑读者如何接受。我相信，读者关注作家笔下人物的命运，并不是一件对作家来说无关紧要的事情。狄更斯的不少小说先是在杂志上连载的，读者为他的故事所吸引，主要是他笔下那些活蹦乱跳的人物。读者爱上了作品里面一个人物，就会干预狄更斯的写作，他们不愿意作家漫不经心地把这位人物打发掉，或者给他一个不好的结局。书里的人能够在现实世界里赢得那么多读者欢喜，不是一件容易的事。所以狄更斯在一定程度上不得不满足读者的需求，对自己的思路做出修正。有时候读者心地太善良，而现实生活并不总是阳光灿烂，会有下雨刮风的时候。作家一味谦让、妥协，也不大会写出好作品。通俗小说往往是这种妥协的产品。但是读者、作者之间的积极互动还是令人神往的。假如读者对作家如何处理人物毫不在意，怎么做都行，那就非常可怕了。我担心我们正在往这样的方向滑动，再加速的话，就要收不住了。这样的时候不会有真正的批评，作家只能靠自己摸索，得不到社会和来自批评界的养料。记得有一位作家说，没有伟大的读者就没有伟大的文学，我以为只有关心人物品质、命运的读者才有可能成为伟大的读者。我在此呼唤伟大的读者群体。

狄更斯的时代没有代表性。一般而言，小说出版后就没有改动的余地，作家已经把人物安排停当了。可是作者也是人，对自己笔下的人物，也可能不大公平，甚至带一点轻蔑和仇恨。有时候作家创造出一系列人物，是为了取笑，故意在他们脸上留下一些夸张、搞笑的笔法，让他们说出暴露自己弱点的聪明话或蠢话。这些脸谱是漫画（caricature），而不是有自己生命活力、有性格的人物（character）。我以为讽刺、嘲笑不宜过多，不然一位作家为了体现出自己的优越感而画漫画，对自己不一定特别有帮助，他的才气还不一定能转化为智慧和洞察。读有的小说，你能感到有一个无所不在、但高高在上（坐在云端里）的聪明人，他俯视自己制造出来的人物，露出一丝居高临下的微笑：他们总是在做奇奇怪怪的事，说奇奇怪怪的话；他们以为做的事情很体面，但作者却不给他们体面，让他们露出马脚。作者跟他的读者有默契：大家一起来欣赏和嘲笑。但是作者也会陶醉在自己的良好感觉之中，不能从写作中得到真正的教益，就像一个人的心没有被友谊和爱情钻进去，城池固若金汤，依然故我。

我在此提一个浅得不能再浅的问题：作家能不能更爱他/她的人物？我们想进入人物的内心世界，就不大看得到绝对的小人、绝对的君子，任何人都是奇妙的混合物。

刚才说《笔下求生》，提出作家和人物背后的情况关系，他们的距离亲疏。作家有自己的意思安排。这里的安排可能有不公平，把某些东西边缘化，把原来很生动的脸，很好看的鼻子省去，只剩下夸张的耳朵。我们阅读时一定要注意到，作家对人物处理不当时，我们可以提出来，甚至重新来设计人物，于是我们也变成作家了。要敢于说“不”，坚持平等对话的前提。我想现在的文学批评者和作家，都可以有一个对话的心态。批评家、作家都是读者，他们说“不”的方式有所不同。一代代的文学之间需要对话，现在作家改写前辈作家的故事是常见的。为什么改写？因为人物，不满于经典作家对待人物的态度、方式。

库切写了与笛福（Defoe）《鲁滨逊漂流记》互文的小说《福》（*Foe*，1986），试图救起一段被笛福（出于他当时的偏见）抛弃的故事，救起一位被抛弃的人物。在《福》里面，鲁滨逊·克鲁索没有急切回归社会的愿望，变成了一位配角。《鲁滨逊漂流记》里面没什么女性，《福》主要是以一个叫苏珊·巴顿的女性来进行叙述，她很强势，坚持要讲她的故事。她是在岛上获救的，救她的是鲁滨逊，但是她慢慢显现出更积极的生活态度，倒是鲁滨逊有点被动。苏珊·巴顿有一个女儿，被绑架到南美洲了。为了寻找被绑架的女儿，她漂洋过海，在途中遭遇船员造反，流落荒岛。我们发现她在叙述上也不完全、不可靠，有所遮掩。为什么她讲女儿的整个过程中不讲她的生父？苏珊·巴顿究竟属于何种社会身份？书中苏珊·巴顿也去寻找她的作者，或者说把她抛弃的作者。这又使我们想到电影《笔下求生》。作家创造出的人物，也可以不安于自己的命运，也可以抗争，像库切写的这个女性“反叛者”。任何故事都有被遮蔽的东西，就看你是不是有心挖掘。为颠覆的颠覆不一定有什么启发，颠覆的过程中也要创造新的人物，揭示出以往的盲点。

库切在南非长大，母亲是英国人，父亲是南非的布尔人、早期的荷兰移民。他的文化身份比较复杂一些，但可以说，英国文学构成了他的文化背景。他的思想也好，情怀也好，很多基因元素来自英国文学。有时候他通过他的创作来检讨、审视自己跟英国文学的关系。2003 年，他获得诺贝尔文学奖，在受奖词《他和他的人》中，他又回到历史场景，又回到笛福的时代。他讲到当时英国很多奇怪的事情。猎鸭人养一些鸭子，飞到欧洲大陆，把其他的傻瓜鸭子带到英国。带回来以后，养鸭子的人就可以不劳而获，把骗来的鸭子捕杀，变成自己的财富。这篇讲话很有趣，我们看到了库切通过自己来叙述笛福。通常作家是上帝，我来描写你，来决定你的命运。库切不一样，他要反写，把自己的身世隐隐约约体现在字里行间，反客为主。他要从文化意义上的父母那儿独立出来，就如笛福笔下的人物要追求独立。受奖词后来写到什么场景？“他的人”和“他”像两艘朝着相反方向航行的船，一只驶向东，一只驶向西。两艘船在大洋上相会，大家走不同路线，都在跟风浪搏斗，不太看得清对方的脸，但是近得可以互相致以敬意。他们各自走自己的路，分道扬镳。这是非常感人的细节。这里讲出了一个道理，作家创造出来的人物，要有自己的独立生活。作家对“他的人”肯定是有影响的，但最后“他的人”要离开，作家因此获得最大的成功：“他的人”不再是傀儡，不再是“他”的。

把“作家和他 / 她的人物”作为一个切入点，我们会看到一个丰富多彩的多面向的场景。我刚才说的，仅仅是这些场景中的一二。还要回到我们这次讲座的副题，“消极能力”。“消极能力”最早是诗人济慈提到的，它指向“个人性”的反面，亦即“非个人性”,英文原文是“negative capability”。这里“negative”大概含有一层“否定自我”“去我”的意思，有人把它翻译为“客观感受力”，也许更准确。具备消极能力的作家，不能有太强固的自我（“任尔东西南北风”即为一例），他必须好奇、灵动、善变，随时将种种构成自我的要素压制下来，以利于充分进入其他事物（人物）的内心。小说家和抒情诗人不一样。小说光用抒情传统来讲，是不够的。抒情诗变成小说很困难，因为抒情诗人喜欢把注意的焦点集中于自己，讲自己的感受，或者像我们古代某些诗人，将自然界美丽的植物，变成自己的投射（self-projection），一棵松树，一枝梅花，都是诗人自我的美好象征，可以用来发牢骚。诗人歌颂某种美德，实际上是强调自己虽具备这种美德，却无人赏识。小说家和抒情诗人不一样，入世不深是不行的，不能为“我”所累。王国维在《人间词话》中就讲到过这问题。优秀的小说家能够想象跟自己不一样的人物，跟自己的生活不一样的生活，以移情和消极能力进入各种人的内心世界，描状他们对人间事务的特殊感受。人的身份（或身体情况）不一样，知识结构不一样，对日常小事的反应也是不一样的。总是从想当然的、熟悉无比的自我出发来写东西，可以感受的经验范围就比较狭隘。反之不然。比如毕飞宇在《推拿》中写到一位盲人坐公共汽车，他看上去有正常的眼睛，不像盲人，司机不知道，见他没买票就要他补票，而盲人是不必购票的。可是那位盲人不愿意当着众人面解释（为了自尊，为了不打扰大家，为了在公共场所回避一件可能会引起尴尬的事情），他悄悄地选择了下车。缺少移情和换位思维、感受的能力，作家就不会想到这样的细节，即使想到，也不一定利用这个细节服务于人物性格塑造，他甚至会觉得盲人当着其他人的面承认残疾这个基本事实，也没什么不妥当。但恰恰是这些细节带领读者进入人物最微妙、细嫩的内心。从盲人的视角来观察世界，这能力就不是一种抒情能力，而是移情的能力和我刚才试图解释的“消极能力”。不过需要强调的是移情也要有节制，移情与不留余地的认同还是有所差别。车上的盲人也是叙述者观察的对象，所谓的内视角与外视角同时存在。

移情的对象并不一定是作家认可的人物，但是他身上必须有一些值得同情理解的成分。比如说莎士比亚的麦克白，他的野心还不敢赤裸裸地登上意识的层面，他在夫人的怂恿下把国王杀了，可他不是简单的坏人。内心有深深的恐怖，有罪恶感，知道自己的手上沾满鲜血。门外无人，内心的紧张和恐怖却使他听到有人敲门。如果他杀人不眨眼，作恶后理所当然坐上王位，后来又被杀，麦克白的故事就索然无味。由此可见莎士比亚的所谓反面人物不是木偶，有他们近于人情的一面，有的能说会道，真的要推翻他们的理由很不容易。比如《一报还一报》里的摄政安哲鲁。莎士比亚会扮演“魔鬼的辩护者”，这是非凡的本领。莎士比亚不会把他的人物当作自己的传声筒，他们各有自己的生命、自己的活法，比如那个福斯塔夫！这种“非个人性”对于小说家来说也是很重要的。（我们介绍文艺复兴精神的时候，会把哈姆雷特的台词当成是莎士比亚自己想说的话，应当知道，哈姆雷特其实是莎士比亚的角色。）人物不是只存在于黑白两个极端，大部分人都不是这样。如果不断地留恋自己，便不能充分进入人物的内心世界，把灰色人物的复杂性格提炼出来。戏台自然就是多声部的。英国学者、批评家利维斯在二三十年代主要从事诗歌研究，到了四十年代，他转向小说，并称小说就是戏剧诗（“dramatic poetry”），这和巴赫金的小说研究有相通的地方。因为小说多视角，作家能够进入人物的灵魂来体验多维度的生命品质。这种非个人性是考验作家的试金石。

令人遗憾的是有的作家不能创造人物。由于缺乏移情的能力，他们不能想象与自己不同的人物。他们只能写自己，而且是为自己所做的一切辩解，或者把自己描绘成受害者。这类作家往往面临一个巨大的诱惑：实现他个人的正义。这时与作家有过不愉快交往的人可能就遭殃了，他们变成了任人评说的可怜虫。作家乘此机会同时兼任法官、陪审团、控方。二十世纪九十年代有无这样的作品？我觉得是有的。斯威夫特曾在《书籍之战》一文中把作家分为两类：古典派作家像蜜蜂一样在文学传统和社会文化中勤于采撷；另一类作家属蜘蛛型，他们满足于从自己腹部源源不断地分泌丝质。自传小说作者与蜘蛛型作家相近，他们以“一切艺术都是自传”这类偏激之词自励，拒绝与个人的经历保持距离，倾吐出一些未经消化的经验，还以为那就是讲述故事。写作于是在某种程度上变为精神分析医生所推荐的心理表演疗法，患者“演出”自己的经历，从而收到调节心理和发泄的效果。在文学创作中，过度的自我关注却是认识自我、观察生活、创造人物的最大障碍。九十年代中国文学作品中有一些主角就是作家本人，一写小说就写自己的身世和恩怨，不能创造属于自己但又超越自己而独立的人物，多么可惜！

移情又不能过度。比如说我们进入人物内心，但这可能是一个单向度的世界，人物自身没有反思、与自己对话的能力，没有复杂细腻的心理活动，只是像一架自动的机器，完成一件又一件事。单纯的移情，不能成为作家的一个优点。作家在移情、进入对方的内心的同时，还要在一定程度上保持自己观察者的地位。

十恶不赦的人很容易处理，至多只是漫画，不是我想说的人物。人物与外部世界产生矛盾，内心也有一定的张力，存在不同的声音，这是很重要的一点，可以说是一个前提。脸谱化、漫画化的恶人其实没什么生命力，这类恶人看起来引起他们的创造者的义愤，实际上两者形成一种同谋的关系：只有简单的恶才能使作家激动。我读到有的揭发腐败的作品，只感到压抑：作者的感受力如此疲惫，只有高强度的恶才会把它激活。对某一事物的不屑、仇恨很容易偷偷转变为对它的依恋。作家放弃了探究的职责，在现成的模子里一味发泄。我以为创造人物，创造值得认真体会、打交道的人物，要难得多，有很好的例子。英国十九世纪女作家乔治·艾略特写的《米德尔马契》（*Middlemarch*, 1871）里面有个银行家，叫布尔斯特罗德，他积极参与镇上的各种公共性质的事务（当然有慈善事业），是个非常体面的人物，但他做任何事情，都下意识地想扩张自己的影响和利益，不过他的自私行为好像还没有严重到有意为之的地步，他还不敢公然在上帝面前撒谎。他的第一桶金来路不正。他当时在法律界工作，代人寻找一项遗产的合法继承人，他明知有一条线索，却瞒住不说，结果自己从中得利。后来有人为此事找上门来，布尔斯特罗德名声扫地。他做过的事带欺骗性质，但是他又不是没有良知，妙就妙在这里。生活里常有这样的事：不大妥当，但是我们的潜意识会把我们做这件事的动因往好的方面去解释，说得重一点就是自欺欺人的毛病。布尔斯特罗德的内心世界可以是很丰富的，这是乔治·艾略特的本领。丑闻被揭露后，社交场合对布尔斯特罗德夫妻俩关上了大门，他们没有选择离开他们建立起好名声的地方，默默承受着耻辱。布尔斯特罗德夫人单纯、善良，她经受的痛苦多于她的丈夫，是个非常值得同情的人物。

乔治·艾略特写的布尔斯特罗德，不能用黑白分明的“坏人”来形容。她进入并描写布尔斯特罗德的内心世界，让读者意识到他做的事情可能是我们每个人都可能会做的，他无非是我们常人中的一员。这样处理的好处是我们反而会更警惕地分析自己行为的动机。十恶不赦的人只能从固定的角度看，他们缺少内在的张力和自省的潜能，只要信笔涂抹就是，谈不上什么性格，不是什么人物。乔治·艾略特对笔下的布尔斯特罗德，既无情，又有情。她的目光里有着悲悯。移情并不意味着认可，她入乎其内又出乎其外，内察外观，同时兼备。亚当·斯密在《道德情操论》讨论同情时说过，所谓的设身处地也要有另外一些条件，能从某人的视角看问题，当然是好的，但是作家不能完全认同这位人物，还必须既在内又在外，不能完全放弃中立旁观者的地位。那个人跟自己不保持距离，不能适当反思、与自己展开艰难的对话，你如和他黏合在一起，反而和“非个人性”背道而驰了。把“消极能力”翻译成“客观感受力”的好处是带出了“客观”那层意思。作者跟人物的关系，原来是如此的复杂。

前面说到，如果作家创造出来的人物都是自己嘲讽的对象，对作家来说也是一种缺陷，说明爱的能力缺失。作家关爱自己的人物是很重要的。所以纯粹的冷冰冰的“客观”在有的情况下也留下遗憾，这是一个有待进一步言说的话题。得到作家关爱的人物可能感染力比较强。艾略特对她笔下的人物有感情，但是她并不是理想化自己的人物，即使是献身学术的人也会有他自我中心的一面。读托尔斯泰、陀思妥耶夫斯基等伟大作家作品的时候，我们会觉察到他们对很多人物都有一种深深的关爱。福楼拜写爱玛的虚荣心，一点不过分，他笔下流出的是同情的理解，读完女主角的悲剧，谁敢沾沾自喜？

仇恨创作不出特别伟大的小说。一旦仇恨是主导因素，就会变得有点可怕。比如冯至写伍子胥的故事。我国春秋战国时期一直把报仇雪恨当成道德原则。伍子胥不顾一切要复仇，仿佛是天经地义（实际上他的父兄也可能触犯法律或者滥用权力）。冯至在改写这故事的时候，只写伍子胥一路艰辛，抵达吴国。伍子胥如何带领吴国军队灭楚的那部分被冯至放弃了。小说里不能有太多的仇恨，它会像病毒一样传播仇恨，制造仇恨。在仇恨的主导下创造文学，不是一个健康的状态。关爱的力量大过仇恨和怨愤，以及一大堆自以为是的“过来人”用以表现“看破”的情绪。

有些时候，人们喜欢讲一些离奇的腐败故事，认为把这样曲折的匪夷所思的东西写出来，一定好得不得了，甚至空前绝后。我心里对这样的言论深不以为然，而且想问：为什么不把这方面无限的兴趣稍稍压制一下？为什么要取一个简单的黑幕小说的模式？正如鲁迅所说，黑幕小说只是二三流的作品。结合我上面讲的，大概就是这类小说创造不出什么人物。恶人很容易写，也没有什么意义。中国作家已经怀疑是不是应该刻意追求这种腐败故事，揭露黑暗的“我控诉”的故事。现在很多作家重新写“文化大革命”题材，绝对不会沿用八十年代的口气。他们会写生活的多面向，会写更有生活原汁原味的内容，它们不会被政治的标语口号来统帅。我们要恢复生活中的寻常之美，哪怕是在极端时期。

关注作家和人物之间的关系，是希望这种关系要被温暖一点的移情的精神所照亮，同时要留心，移情可以做到什么程度。我们每读一本好书，每看一部好电影，总是会觉得这个世界原来跟想象的不一样。一个有着这样命运的人，还可以如此动人。作者也要让他自己的人物有一定程度的抵抗能力。这就需要作者对人物的爱。如果作者的人物轻而易举地被一个想象中无所不在的腐败的“权力”社会同化，那么这不幸的人物也可能上门来寻找作者，要讨个说法。玉米会来找毕飞宇吗？我怎么在想象的眼睛里看到她在哭泣呢？我还是希望有一种超越的可能——哪怕是在不那么美好的比如像“文化大革命”那样的时代。作家可以把创造自己的人物，变成“爱的劳作”（a labour of love）。我们或许已经有了太多“仇恨的劳作”“嘲讽的劳作”“谴责的劳作”，需要为善良和爱腾出一点空间。

英国的世界“第一”

——从 1858 年泰晤士河治污谈起[①]

狄更斯的杰作《小杜丽》是在 1855 年至 1857 年间分期发表的。小说的起首，叙述者描写了烈日烤晒下的法国港口城市马赛陆地上的景色，接着读者的视线被引到海面上：“海港内污浊的水面和海港外美丽的大海，因为没有丝毫的风而微波不兴。黑与蓝两种颜色之间，清晰地标示出纯净的大海绝不逾越的界线；大海和港内令人厌恶的浊水一样，静静躺着，两者永不混合。”海港严重污染，才会出现这一泾渭分明的奇观。读者会问，伦敦泰晤士河的出海口是不是会有同样的景象？《小杜丽》连载完毕立即出版，1858 年 6 月，伦敦几乎也像马赛一样炎热，最高温度达到甚至超过华氏九十度（摄氏三十二度），这在当地几乎是破纪录了。泰晤士河承载着无数包括人类排泄物在内的下水道污水，发出难闻的气味，在当年刚竣工的威斯敏斯特宫议事的议员也深受其害。罗斯玛丽·阿什顿这本著作以 1858 年夏天伦敦的大恶臭为背景，结合当年通过的《泰晤士河净化法案》《医疗法》和《离婚法》等多种法案的产生过程，

① 本文是《大恶臭》（罗斯玛丽·阿什顿著，乔修峰译，东方出版社，2019）一书的序言。

讲述了达尔文、狄更斯和时任财政大臣的迪斯累里那一年丰富而曲折的经历。这是一本带有传记特色的社会史，很多史料是首次披露，极有可读性。

伊丽莎白时期的著名诗人斯宾塞（1552—1599）写过一首《婚前曲》，全诗共十节，每一节的结句都是“可爱的泰晤士，轻轻地流，等我唱完了歌”。诗中两只洁白的天鹅顺流而下，岸边鲜花盛开，景色美丽，草地上还有一群仙女。托·斯·艾略特在《荒原》两次引了这句诗，还说“仙女们已经走了”（赵萝蕤译文），意在与二十世纪初期不甚雅观的泰晤士河岸形成对比。其实十六世纪的泰晤士河也目击了很多不幸，自杀者往往喜欢在这条河里终结生命。不过那时的伦敦基本上还局限在当今的威斯敏斯特市和伦敦老城一带，人口少，城市污水直接排放到河中，河水不很清澈（《婚前曲》也说到“water not so fayer”）①，不过还不致酿成一次惊动英国王室和政府的严重事件。

两百多年后的情形就完全不同了。1852 年 11 月，美国民主党总统候选人富兰克林·皮尔斯赢得大选，第二年初春宣誓就任美国第十四任总统（1853—1857）后立即派他的大学同学、小说家霍桑出任美国驻英国利物浦的领事。霍桑 1857 年离任，几年后写了《我们的老家》（1863，中译本名为《霍桑英国漫记》），题献给已经下野的皮尔斯。请看霍桑笔下伦敦的母亲河：“横穿一座大城市的河流，往往会为展示这座城市宏伟庄严的

① 彼得·阿克罗伊德为《伦敦传》（翁海贞等译，译林出版社，2016 年）中关于泰晤士河的一章取名“黑暗的泰晤士河”。

建筑提供特殊优势，然而泰晤士河畔，所谓的‘桥下游’的景观，绝没有给人留下应有的深刻印象。事实上，它似乎剖开了伦敦的心脏，仅仅暴露了它已经腐烂破败到何种程度。林立于两岸的是你能想象到的最破旧、最黑暗、最丑陋的建筑。衰败的仓房，窗户已被堵死，码头也一片萧条。因此，若是对世上的大都市没多大了解，我定会以为这城市已经历了商业和金融预言家所预测的本世纪大萧条。泰晤士河水流浑浊，反射不出任何影像，只怀抱着无数肮脏的秘密，仿佛一个愧疚的良心，因源源不断注入的罪恶的溪流而肮脏不堪。因而，泰晤士河也不过是流经这座城市的一条阴暗河流罢了。”[①] 如果气温超过了摄氏三十度，泰晤士河又会给伦敦带来什么？这是霍桑没想到的——幸好他已离开了英国。但是他预感到不祥。他说的“源源不断注入的罪恶的溪流”就是指直接排入泰晤士河的污水。

恩格斯第一次坐船到英国，大约是在1842年初冬，他在《英国工人阶级状况》中的记载却很不一样：“从海面向伦敦桥溯流而上时看到的泰晤士河的景色，是再动人不过的了。在两边，特别是在乌里治以上的这许多房屋、造船厂，沿着两岸停泊的无数船只，这些船只愈来愈密集，最后只在河当中留下一条狭窄的空间，成百的轮船就在这条狭窄的空间不断地来来去去，——这一切是这样雄伟，这样壮丽，以至于使人沉醉在里面，使人还在踏上英国的土地以前就不能不对英国的伟大感

① 《霍桑英国漫记》，于承琳等译，中国青年出版社，2017年，第202页至203页。

到惊奇。”[1] 恩格斯在这本书的1892年版加了一条注：“这是差不多五十年前，在美丽如画的帆船时代写的。现在，这样的船如果还出现在伦敦的话，那就只是停在船坞里面了，而布满了泰晤士河的是熏得漆黑的丑陋的轮船。”恩格斯初次遭遇的伦敦，颇有点四十年前（1802）年轻的华兹华斯站在西敏寺桥上看到的气象：万物“沐浴在无烟的清气中，灿烂辉煌”[2]。正因为河上是“美丽如画的帆船”，空气中才“无烟”。那一年世上第一条蒸汽机船在苏格兰的一条运河试航，帆船退出历史舞台，还要几十年。四十年代初，英国海战主要还依赖三桅帆船。

十九世纪中叶，泰晤士河上的船更新换代，烧煤的蒸汽船淘汰了帆船，繁忙的泰晤士河道上也是浓烟滚滚。霍桑也曾坐新式轮船观赏伦敦景色，他写道：“无数的煤烟颗粒从烟囱中排出，飘浮在空中；逢上仲夏，烈日炎炎，露天甲板上浓浓的暑气袭来……”[3] 那时的泰晤士河下已经建成一条人类历史上还未曾有过的河底隧道，霍桑也去见识过一番。圆形入口处由玻璃覆盖，走下几段楼梯，只见一条拱廊“通往无尽的黑夜”，好在隧道每隔一段都用煤气灯照明，还有一些小商小贩在售卖一些小玩意儿。霍桑幽默地写道：“英国人在他们伟大河流的河床下开挖隧道，使两三千吨重的航船在他们头顶驶过，这一切仅为了给几个老妇人提供新场所来卖蛋糕和生姜啤酒！”[4] 这

① 《英国工人阶级状况》，人民出版社，1956年，第58页。

② 《十四行诗：在西敏寺桥上》，屠岸译文。

③ 《霍桑英国漫记》，第201页。

④ 《霍桑英国漫记》，第204页。

里的两个细节是不能忽略的：煤气灯和隧道都是里程碑式的新事物。

1858 年的泰晤士河大恶臭对伦敦乃至工业革命敲起警钟，环保意识正是通过类似的丑闻逐渐产生、加强。事发后，英国议会以最快的速度组建调查委员会，审批治污方案，于 8 月 20 日通过《泰晤士河净化法案》。伦敦市政工程委员会总工程师约瑟夫·巴泽尔杰特的设计方案胜出，他沿泰晤士河在地下拦截污水，又建造了专门通道把污水引到泰晤士河的入海口。这项工程的一切费用来自专项税金。这时的英国已经有一个非常庞大、高效的工程师队伍。

工程师为现代生活提供无数便利，但是我国的读书界对他们的具体贡献所知太少。2012 年的伦敦奥运会开幕式表演第二场“绿色而愉悦的土地”给我极深印象，场上主角是穿着简陋的产业工人和一批头戴高顶礼帽、身穿黑色礼服的工程师，工程师中为首的是由莎剧演员肯尼斯·布拉纳扮演的伊桑巴德·金德姆·布鲁内尔（1806—1859），他的台词来自莎剧《暴风雨》：“不要怕，这岛上充满了各种声音。”这位布鲁内尔是史上最伟大的工程师之一，他设计建造了英国的大西铁路和一系列载入桥梁建筑史的大桥（期间发明空气压缩技术），第一艘横渡大西洋的木制明轮船“大西方”（1837）和 1858 年铺设横跨大西洋电缆的双层铁壳轮船“大东方”也都是他的杰作。前面提及的泰晤士河隧道是由他父亲马克·伊桑巴德·布鲁内尔（1769—1849）设计的，当今建筑工程中必不可少的隧道盾构也是由老布鲁内尔首创。布鲁内尔父子发明创造之多，实在是世所罕见。

成功的发明家背后还有很多不那么成功的探究者，后者一次次的摸索铺就了成功之路。《小杜丽》里就有一位叫丹尼尔·多西的工程师，他在工作室忙碌，不计代价，即使自己的发明未被政府部门接受，仍旧坦然自若。

我也想乘此机会提一提另一对有名的父子，约瑟夫·杰克逊·利斯特（1786—1869）和约瑟夫·利斯特（1827—1912）。老利斯特是业余物理学家，发明了显微镜里的组合透镜方法并确定哺乳动物血液中红细胞的形状，其子为“外科消毒法之父”。[①]十九世纪的英国继承了十八世纪发明创造的传统，奠定了现代工业社会的基础。发现蒸汽的瓦特固然重要，而蒸

① 医学卫生上的进步也惠及中国人。上海的仁济医院由英国外科医生雒魏林（音译当为洛克哈特，1811—1896）于1844年创办，一切资金都来自捐款。该院纯属慈善性质，专收中国病人（故而当初英文名Chinese Hospital），推广牛痘接种，普及公共卫生知识。病人包括吸食鸦片成瘾者。仁济一度因接受英国人雷士德的捐赠更名雷士德医院。上海仁济医院是我国最早的西医医院之一，初名施医馆，地点在小南门外南仓张家弄内面南墙门。该馆1845年制作的传单说明其慈善性质：“本馆施医赐药毫不索谢，凡民间有内外科症，可于午后来馆求治。居馆先生施诊赐药。逢房虚昴星四日即礼拜之期停治，不必来馆。”医院第二任院长合信（Benjamin Hobson）编译的《西医略论》与《全体新论》《妇婴新说》《内科新说》《博物新编》并称“医书五种”是我国第一套西医学专著。仁济还是近代上海最早的公共卫生引入者。1888年7月在仁济医院举行的“医学考试”是中国第一次西医操作实践考试，考场还出现红十字标志。当年的《字林西报》首次将“医学造福人类”的观念公诸社会。仁济医院还在1914年创设护士职业学校，入学需经考试，一旦录取，食宿和学费全免。护士毕业后如入职仁济医院，还能领取一份很体面的薪酬。二十世纪四五十年代之交，仁济护校校长是一位毕业于北京协和医学院的女士。民国时期，有点历史的医院几乎全是欧美来华宗教界人士创办的，医生中也多基督教徒，如林巧稚。

汽机车的制造与不断完善却是一个工程师共同体数十年齐心协力的结果。这些成就来自一种发明创造的文化，来自对自然奥秘无穷无尽的好奇心和忘我的献身精神，来自一个发育健全、各个成员能够默契配合的科学共同体。与此相应的是英国皇家学会的指导作用以及当时一套鼓励科技和探险的机制。英国的林奈学会在1858年已拥有好几百位各有专长的成员，他们不论是组织会议还是编辑出版期刊都做得井井有条，相互之间诚挚交往，无所保留。达尔文的物种起源的思想已经酝酿多年，他与华莱士的愉快合作促使他在1858年下决心把自己的发现写出来公开发表。两人的交往处处显示出“君子坦荡荡”的绅士风度。

华莱士也曾独立注意到进化现象。1848年，才23岁的华莱士和昆虫学家亨利·贝茨就到亚马孙河探险并收集昆虫，为时四年。第二年，他弟弟赫伯特也前往巴西，不幸死于黄热病。1854年，他又在皇家地理学会资助下赴马来群岛收集标本，一待就是八年，“他乘坐当地人的小船，在各岛奔波了一万四千英里，经常晕船，也遇到过食物严重不足的情况，还得过热病，一个人待在简陋的茅舍里，靠着跟新加坡等地的医生要来的奎宁，发汗熬过去。在马来群岛期间，他收集了十万多种动植物，还发现了马来群岛有一条无形的海洋分界线，该线两侧的动物物种差别很大”。用他自己的话来说：“两条腿被虫子咬得体无完肤，疼痛发炎，已经在屋里憋了一个月，但足不出户又招上了热病，还在康复中。浪费这么多时间，严重影响了我采集昆虫的任务。”没有强健的体魄和勇敢的精神，无法完成如此艰巨的工作。华莱士还与英国同好者交流信息，与他们形成了一个科学研究共同体。皇家学会、皇家地理学会等组织也起到了提倡合作的枢纽作用。如果都是“惟吾德馨”之类的人物，相争相斗就是必然命运了。十九世纪初，到各地搜集植物标本在英国已经蔚然成风，大英博物馆设有自然历史部，植物学家罗伯特·布朗（1773—1858）多年担任植物标本库的负责人。1858 年，英国植物学家已在殖民地锡兰（今斯里兰卡）开设植物园。没有这种全球性的科学考察，达尔文、华莱士共创的进化论是不可能问世的。正是这种植物学上的兴趣促使英国人欧内斯特·亨利·威尔逊在 1899 年至 1911 年间四次到中国西部采集植物标本和种子，1913 年出版《一位博物学家在华西》。据我所知，这本极有价值的著作至今仅有部分译成中文，改名《威尔逊在阿坝》。我在二十世纪八十年代留学的时候去一位英国朋友家，花园里的杜鹃花正盛开着，主人告诉我杜鹃花的故乡在中国，我十分惊讶。这件小事也说明我们一般的所谓“读书人”在博物学领域知识非常欠缺，现在依然如此。中国传统士大夫以科举得官为人生目的，重书本知识，达尔文和华莱士漫游式的考察和冒险超出了他们的想象，《小杜丽》中多西这种彻底无我的人，他们也无法理解。现在的中国年轻人还须在“五四”精神的激励下摆脱功利主义和实惠哲学的羁绊，做出让世界刮目相看的事情来。

迪斯累里（也译成狄思累利）与达尔文和狄更斯不同，多年积极从政。他在 1858 年出任内阁中除首相之外最重要的职位财政大臣，早年是保守党“青年英格兰”运动的领袖[①]，后来两度出任首相。这位雄辩的政治家还是流行一时的小说家，曾独出心裁地用“两个民族”来概括英国的阶级对立。可惜我们的读书界对这位十九世纪世界史上的关键人物是忽视的，好在管南异的《进退之间：本杰明·狄思累利的“青年英格兰”三部曲研究》（浙江大学出版社，2010 年）已经从文学研究方面填补了空白。多次出现在本书的布尔沃·利顿也是维多利亚时代有影响的政治家、作家，今天大学英文系的一般教师也不一定听说过他的名字。英国政治家不得不接受舆论监督，几乎没有隐私可言。但总体而言，报刊（本书作者引用的报纸杂志多达五十余种）督促政府解决难题，堪称社会改革的积极推进者。

大恶臭事发后，伦敦报刊以极为犀利的语言施加压力。7 月 1 日的《泰晤士报》敦促政府加快步伐：“负责这个问题的委员会一个接一个，一拨接一拨，采集的信息足够建造一百种下水道了……可他们还是什么都没做，不过就是往河里抛几船石灰，……要不就是在几个排污口摆摆样子。这么干，到明年这时候，也不会有什么变化。我们要找出问题的根本所在，一天都不要再浪费。”议会设立的调查污染问题的泰晤士河委员会也受到 7 月 17 日《笨拙周报》的嘲讽，诸位成员被取笑为化学坩埚先生、廉价燃气公司计量表先生、糨糊脑袋先生、呆头呆脑勋爵、吹管教授、万事通先生、污水坑先生。一个能够产生《笨拙周报》的社会是风趣、自信的社会，创办人之一亨利·梅

① 《共产党宣言》里批判“封建的社会主义”的文字主要是针对“青年英国”（即“青年英格兰”）的。

修也像恩格斯那样着力反映十九世纪中期伦敦穷人生活和儿童问题。用“众声喧哗”四字来形容英国的报刊业、出版业是绝对不过分的，这一特殊的语言多元生态显然也有利于社会的进步和读者判断力的提高。马克思也为报刊写过大量新闻报道和时事分析。本书提及的宪章派报纸《人民报》创刊于1852年，刊登或转载过马克思和恩格斯不少文章，马克思还作为外国革命流亡人士的代表出席该报创刊四周年的纪念宴会并致辞。[①]正是这样一种宽松的出版氛围，促成了马克思主义等重要的思想流派的产生。

严复翻译《天演论》以及达尔文的“进化”观念在中国读书人中间曾产生过警钟般的效果，但也会导往可疑的方向。进化论会不会鼓励人们用生物的模式来看待人类社会？1971年的中国，翻译出版的书籍极少，但是赫胥黎的《进化论与伦理学》却是例外。作者有感于维多利亚时代“狂热的个人主义”和“‘自行其是’的倾向”，不主张把生物界的“适者生存”应用到人类社会的伦理领域。“对伦理上最好的东西（即所谓善或美德）的实践包括一种行为的途径，这种行为的途径在各方面都是同宇宙生存斗争中导致成功的那种行径对立的。它要求‘自我约束’来代替无情的‘自行其是’；它要求每个人不仅要尊重而且还要帮助他的伙伴以此来代替、推开或践踏所有竞争对手；它的影响所向与其说是在于使适者生存，不如说是在于使尽可

① 详见《马克思恩格斯选集》（共四册）第一册，人民出版社，1995年，第774页至776页。

能多的人适于生存。它否定格斗的生存理论。”[①] 赫胥黎反对赤裸裸的竞争，同时也拒绝乌托邦的诱惑。他补充了一句话：“进化论并不鼓励对千年盛世的预测。”[②]《进化论与伦理学》在1893年问世，其实作者所担心的“狂热的个人主义”和“自行其是”的信条在诸多因素的牵制下并未被英国社会普遍接受，反而是社会主义的思想在赢得人心，在1892年的大选中甚至有工人入选议会。

本书作者详细披露狄更斯的婚姻危机以及随之而起的狄更斯和萨克雷的失和，不过两人之间的不快完全没有恶化到“不共戴天”的地步。他们是克制的，从未互相诋毁，始终能客观评价对方的作品。人是成长变化的，情感亦然，故而1858年颁发的《离婚法》合乎新的人道观。中国传统文化重男轻女，有“三妻四妾”一说（民国时期“姨太太”还屡见不鲜），男方还可以休妻、出妻，从贫苦人家买来“童养媳”当牛马使唤。拐卖妇女的现象，即使在当今也时见于报端。我国《婚姻法》的制订是西风东渐的结果。狄更斯与埃伦·特南的关系带有悲剧成分，对此难作是非判断。问题的关键是狄更斯与夫人疏远后能否公道待她。利维斯在论及狄更斯的独特天才时特意指出，他的天才全面覆盖了人性的兴趣，接着用括弧加上一句“狄更斯不是‘一个一本正经、坐怀不乱的人’”（“Dickens was not ‘a solemn and unsexual man’”）[③]。利维斯晚年推崇狄更斯，这句

① 《进化论与伦理学》，科学出版社，1971年，第57页至58页。

② 《进化论与伦理学》，第59页。

③ 《小说家狄更斯》，利维斯夫妇合著，1970年，游隼版，1983年，第301页。

插语的分量就非同寻常。

《大恶臭》中这一部分牵涉俱乐部生活颇多。俱乐部是英国比较有身份的人的去处，所谓的“圈子”往往通过俱乐部形成。成员必须遵守规则，像耶茨那样因言语不当被俱乐部除名是很不体面的。一旦某位成员引起物议，其去留纯粹取决于全体成员的民主表决。俱乐部的自治全仗规章制度，就此而言很像英国古老大学里的学院，各院院长的产生有一个民主的过程，相关学院的正式成员参与院务，也不会因意见不合而反目。英国社会有各种各样的组织，它们使得整个社会的质地特别紧密，同时富有弹性，能不断进行自我调整与修复。

1858 年是咸丰八年，除了迫于生计出洋的劳工，中国士大夫还在吟诗作对，对外部世界毫无兴趣，但是现代化已经初露曙光。那时的上海公共租界已经有英国人比尔兄弟组建的消防队，现代城市的公共设施随后逐步在上海创设。出生于香山的容闳（1828—1912）先在澳门、香港入读教会办的马礼逊纪念学校，1847 年赴美留学，1854 年从耶鲁毕业回国，立志以个人微弱之力慢慢改造社会和人的观念。那一年 7 月，上海租界的工部局成立，中国历史上的很多“第一”随之而来。1852 年初，上海的北华捷报馆就编辑了英文《上海年鉴》，收有当时最详细的上海地图，收有连续系统的气象记录以及大量其他珍贵史料。

如何看待英国的殖民遗产？《大恶臭》中不少篇幅涉及英国在印度的统治，这方面我们的知识储备也是普遍不足的。以往人们经常把东印度公司与英国等同起来。印度 1857 年至 1858

年的起义被镇压，英国政府立即意识到问题的严重性，决定直接接管印度。维多利亚女王也鼓励首相起草一份印度公告，要体现宽容与平等。当年议会通过《印度管理法案》，德比首相说了这段话：

> 我认为，印度所有的宗教信徒都应受到保护，绝不允许妨碍基督教传教士在印度活动；但另一方面，我也确信，政府应为所有教派和信仰提供一视同仁、不偏不倚的保护，除此之外，不应过度干涉。这不仅有益于英国的利益、和平和安康，也有利于英国行使治理印度的权力。

但是随着印度知识界国家意识的增强，英国在印度的统治以及帝国体系受到越来越多的批评，尤其是作家拒绝沉默，例如福斯特的《印度之行》和奥威尔的《缅甸岁月》（缅甸原由英属印度管辖）发出了与爱国歌曲《统治吧！不列颠尼亚》对抗的声音。印度的独立与印巴分治是震撼世界的大事，英国并未与独立的原殖民地反目成仇，反而与它们保持了良好的关系，很多新独立国家的领袖人物在英国接受教育。英联邦是历史的产物，二战后从大英帝国独立出来的国家绝大部分自愿选择加入英联邦，目前成员国还超过五十个，每四年举行一次运动会。多年来英国女王伊丽莎白二世是英联邦名义上的元首，2018 年该职改由查尔斯王子担任。

还有点未尽的话，想借此机会表达一下。英国很早就有了执业医生注册制度，这是值得骄傲的。恩格斯肯定了英国的医院，但是指出医院太少，而且收费贵，工人付不起费用，只好求助于江湖医生的假药。“在英国的一切城市里，这种江湖医生都有好多，他们靠各式各样的广告、招贴及其他诡计在最穷的阶级中招揽顾客。此外，还有极多的包治百病的所谓特许专卖药出卖……所有这些药剂都有一个特点，就是能医治世界上的一切疾病。……这些丸药有的人用来治大便不通，有的人用来泻肚子，有的人却用来治热病、虚弱以及各种各样的疾病。”① 由此看来四十年代还没有严格实行执业医生注册制度。英国的医疗改革旷日持久，二战后实行的国民医疗保健系统（NHS）是福利社会最典型的成就。恩格斯揭示的那套虚假广告，在很多地方仍未绝迹。如果“祖传秘方”“扶正祛邪”之类的语言畅行无阻，诸多像光环下的人参一般的神药不必通过临床试验来证明其无所不能的疗效，那么江湖医生乃至“大仙”② 还是有着施展手段的空间。

读完《大恶臭》的译稿，我深感修峰花费在翻译上的时间和精力，对我们的社会而言，是非常值得的。1858 年伦敦的高温促使政府立法启动下水道改造，一百多年来，随着人们公共卫生和环保意识的提高，泰晤士河的综合治理未曾间断。二十世纪八十年代，上海的苏州河也因生活和工业污水的肆意排放而以黑臭著称，经过二三十年的截污治污以及河道疏浚，苏州河水质改善，鱼类群落渐渐恢复，两岸已没有异味。但是全国总体水质下降的趋势是否得到根本扭转？卫生设备和下水管道是否已经遍及各地？城市排污系统的规模是否跟得上高楼建造

① 《英国工人阶级状况》，人民出版社，1956 年，第 146 页。

② 见《新京报》2019 年 3 月 11 日报道《丈夫听信“大仙”鞭打妻子致死》。

的速度？我国的环境整治和生态修复还有很长的路要走，我也希望这本书能够广受关注。

最后再解释一下本文的题目。笔者识字不久就时常翻阅家里一套连环画大小的书，共四册，书名是《中国的世界第一》，《大公报》报社五十年代初期出版。书中列出中国地理上的特点（如青藏高原）、独有的产品（如桐油）和历史上的各种发明创造，共收三四百个配有插图的条目。阅读这样的书籍，很能提升民族自豪感。英国是不是出过类似的普及性读物，笔者并不确知，也许是没有的。假如《小杜丽》里的发明家丹尼尔·多西忙于写总结，他的创造力想必是枯竭了。

没有批评就不能进步[①]

乔修峰的《巴别塔下》结构独特，是一本充满新意的著作。全书共七章，各章分别以卡莱尔、乔治·艾略特、狄更斯、罗斯金和穆勒的著作为背景，讨论“文人”“社会”“责任”“贫穷”“财富”“绅士”“自由”七个关键词。看得出来，多年任职于社科院外国文学研究所的作者是受到了雷蒙·威廉斯《关键词》（生活·读书·新知三联书店，2005 年）的启发。上述几位作家深感很多词语用得多了，蜕变为没有意义的空话（即卡莱尔所说的“cant”），他们希望通过关于词语的讨论针砭时弊，重塑价值，给快速发展的社会一种方向感。在英国的现代化进程中，十九世纪是一个至为重要的环节，而英国又是现代世界的发源地[②]，维多利亚时代作家对本国各种社会、文化问题的商讨、辩论，对仍处于转型期的中国来说，具有特别的现实意义。

本书“绪论”说，维多利亚时代“思想和话语层面出现了众声喧哗的混乱状态”，引起文人的焦虑。诚哉斯言，但是我

---

① 本文是乔修峰著作《巴别塔下》（中国社会科学出版社，2017 年）的序言，题目是受到何其芳著作《没有批评就不能前进》（人民文学出版社，1958 年）启发新加的。何其芳当年批评的是所谓“错误的”思想观点，而十九世纪的英国允许各种思想的交锋。

② 详见艾伦·麦克法兰著《现代世界的诞生》，上海人民出版社，2013 年。麦克法兰认为英国总是充满了矛盾和悖论，也就是说，“众声喧哗”恰好是英国的特点。追求纯而又纯的“英国特性”（Englishness）大概也是枉然的。

想在此略做补充："众声喧哗的混乱状态"往往也是创造力的象征。假如当时的英国社会缺少讨论问题的氛围和必要的公共空间，排斥异端或"不正确"的思想和话语，一些真正开新的学说就不可能产生。且以维多利亚时期的伟人马克思和恩格斯为例。《共产党宣言》（德文版单行本）1848年2月在伦敦发行时没有署名，1850年英国宪章派机关刊物《红色共和党人》登载《共产党宣言》的第一个英译本，杂志编辑乔·哈尼在序言中第一次指出宣言系马克思和恩格斯合作。《宣言》的最后的文字号召工人阶级起来斗争："共产党人不屑于隐瞒自己的观点和意图。他们公开宣布：他们的目的只有用暴力推翻全部现存的社会制度才能达到。"马克思1849年8月从欧洲大陆移居伦敦，在那里生活写作，直至1883年3月去世。没有伦敦以及大英博物馆图书馆所提供的优质服务，《资本论》的写作是无法想象的。① 如果英国实行的是早年马克思嘲笑的普鲁士式的报刊检查制度，马克思的著述生涯就不得不中断了。马克思绝大部分著作用德文写成，它们的英文翻译有一个较复杂的过程。我的英文版《资本论》是1930年的人人丛书版，由牛津大学学者、社会主义者G. D. H·科尔作序。人人丛书版图书售价便宜，影响大。那一年发源于美国的经济大危机已波及英国，但是英国政府部门对人人丛书版的《资本论》不加干涉，无意限制这本划时代巨著的阅读范围。今年大英图书馆为配合一次特展还

① 十九世纪的伦敦是欧洲各国流亡者汇集之地，现任《纽约书评》主编伊恩布鲁玛讨论过这一现象。见布鲁玛著《伏尔泰的椰子：欧洲的英国文化热》（生活·读书·新知三联书店，2007年）第六章"革命的墓地"。

出了《共产党宣言》单行本，售价一英镑。可见这份文献至今还有强大的生命力。

我想乘此机会添加一些与修峰这本书相关的历史背景，进而提出一两个问题，供读者思考。先说一说英国宪章运动。1838年5月8日，宪章派公布准备提交议会的法案“人民宪章”，包括六项内容：普选权（年满二十一岁的男子）、议会每年改选一次、秘密投票、各选区一律平等、取消议会议员候选人的财产资格限制、发给议员薪金。卡莱尔在1839年写了《宪章主义》长文，第一章的题目即“英国状况问题”。“英国状况”一时成了流行词。

恩格斯于1842年秋冬之交从大陆到英国经商后，悉心观察英国。他在这一年的11月29日为《莱茵报》写了短讯《英国对国内危机的看法》，第二天写了颇具规模的报道《国内危机》，谈的还是宪章运动中动荡的英国。这一年年底他为《莱茵报》写了文章《英国工人阶级状况》。宪章运动正值高峰时期，在这次旷日持久的运动中，领导层内部出现道义派和暴力派的论争，游行请愿队伍一度配备了枪矛、棍棒等武器，政府方面甚至出动了军队，不过应对大致得当，没有出现失控的流血事件。[①]恩格斯看到英国工人有着难以克服的“守法观念”，不免失望，他提出批评，又表示乐观：

> 在工人和宪章派心目中唯一的指导思想——而且这种思想原来就是宪章派的——就是合法革命的思想。这种思

① 详见R·G·甘米奇著《宪章运动史》，苏公隽译，张自谋校，商务印书馆，1979年。

想本身就是矛盾，事实上不可能实现的，正因为他想要实现这种思想才遭到失败。……在曼彻斯特可以看到，只要四五个龙骑兵每人把住一个出口，就拦住了几千个集合在广场上的工人。“合法革命”把一切都搞糟了。整个事件就这样结束了；每个工人，当他一旦把自己的积蓄用光因而就要挨饿的时候，就又开始工作了。然而无产者从这些事件中间还是得到了好处，那就是他们意识到了用和平方式进行革命是不可能的，只有通过暴力消灭现有的反常关系，根本推翻门阀贵族和工业贵族，才能改善无产者的物质状况。英国人所特有的守法观念还在阻碍着他们从事这种暴力革命。但是……这个革命在英国是不可避免的。①

由于种种英国政治文化的特点，工人阶级的罢工、游行示威未曾中断，不过大规模的暴力革命并没有到来。卡莱尔的《过去和现在》1843 年出版后，恩格斯 1844 年 1 月立即写了评论，1844 年《德法年鉴》发表，他建议德国人把这部著作译成德文。紧接着这篇颇具规模的评论，恩格斯写了《英国状况：十八世纪》和《英国状况：英国宪法》。维多利亚时期的圣哲担心声音庞杂，其实声音庞杂也有其好处——社会毕竟需要在各种批评的声音中前进。恩格斯的经典著作《英国工人阶级状况》在 1845 年问世，以后不断翻译成各种文字。要了解维多利亚时代的英国，《英国工人阶级状况》是必读之书。从 1845 年到恩格斯逝世的 1895 年，英国非但没有爆发欧洲大陆上常见的革命，反而通过零零

① 《马克思恩格斯全集》，人民出版社，1956 年，第一卷，第 550 页至 551 页。

碎碎的渐进式的立法、改革在社会发展各个领域取得世界领先的非凡成就。尽管恩格斯对诸种英国式的尤其是威廉·莫里斯的社会主义思想不以为意，[①]他还是为半个世纪里工人运动每一次小小的成功所吸引。

英国渐进式改革之路踏踏实实，一步一个脚印，它之所以行得通，有特殊的历史、文化原因。首先，如E·P·汤普森的《英国工人阶级的形成》（译林出版社，2001年）所示，英国工人坚信自己享有“生而自由”的权利，不断斗争，争取合法权益，通过种种令人同情、认可的形式向统治阶层施加压力。盖斯凯尔夫人的小说《玛丽·巴顿》（1848）描写的就是曼彻斯特工人的艰苦生活，工人决定反抗，年轻的工厂主被暗杀，但是作者是把它作为不幸事件来呈现的。其次，在英国统治阶层中，也出过像罗伯特·欧文那样善良的空想社会主义者，他们总体上来说也知道妥协，有着适度“对正义和仁爱让步”（恩格斯语）的雅量。英国是一个讲究习惯、惯例（customs）的国家，大量民众维权行为总以和平方式收场，不会闹得不可收拾。[②]屈维廉在《英国社会史》中曾强调，在十八世纪的英国，阶级对立并不像法国那样严重，因而法国大革命不可能在英国发生。到了十九世纪，阶级矛盾加剧了，然而社会主流的声音绝不利

---

① E·P·汤普森的《威廉·莫里斯：从浪漫派到革命者》（1976）详细讨论了恩格斯对莫里斯（1834—1896）的批判，并对莫里斯的社会主义主张和艺术实践有所维护。

② 我在《习惯的力量——评汤普森〈共有的习惯〉》一文（收入生活·读书·新知三联书店2011年出版的《高悬的画布——不带理论的旅行》）讨论了这一问题。

于矛盾的激化。维多利亚时代文学中找得到很多这方面的例子。盖斯凯尔夫人的《北与南》涉及劳资对立问题，但是主调却是阶级之间的理解、调和。乔治·艾略特小说《激进主义者菲利克斯·霍尔特》（1866）以议会改革法案通过的那一年1832年为背景，主人公霍尔特主张选举制度的积极改革，同时他又是秩序的维护者。1867年8月，第二个改革法案通过，这一年11月下旬，乔治·艾略特应约翰·布莱克伍德之邀，以霍尔特的口吻写了《致工人》，在著名的《布莱克伍德杂志》1868年1月号发表。《激进主义者菲利克斯·霍尔特》后来再版的时候都将《致工人》作为附录收入。这篇长达三十页的致词声情并茂，自始至终论证和平手段的意义，很有说服力。乔治·艾略特珍爱社会和文化的延续性，教育工人阶级也是她的“责任”。在十九世纪的英国，议会通过大量跟工人利益相关的法案，这些法案的有效执行，确保了社会发展的步伐不致因种种矛盾和冲突而停止。

《英国工人阶级状况》德文本第二版是1892年下半年出版的，恩格斯在作于这一年7月21日的该版序言中又写道：“英国工人运动又向前迈进了一大步。几天前结束的国会选举向两个官方的政党——保守党和自由党——清楚地表明，他们现在对第三个政党即工人政党的存在是不能置之不理了。”[①] 为什么？因为在1892年的选举中有三位工人入选下议院。英国工人拒绝与两个旧的政党保持联系，恩格斯抑制不住他的欣喜：“在大

---

① 恩格斯《英国工人阶级状况》，人民出版社，1956年，第33页。

城市和工业中心的许多选区里，工人都坚决拒绝和两个旧政党（即自由党和保守党）保持任何联系，并因此获得了在以前任何一次选举中都不曾有过的直接的和间接的成绩。工人为此所表露的欢欣鼓舞是无法形容的。他们第一次看到和感觉到，如果他们为了自己阶级的利益而利用自己的选举权，就能获得什么东西。……工人们从令人信服的实例中看到：当他们提出要求而且了解到他们要的是什么的时候，他们在英国就是一种具有决定性的力量；在1892年的选举中他们第一次了解到自己的要求并且提出了要求。”[①] 可惜恩格斯三年后就去世了，去世五年后即1900年劳工代表委员会成立，1906年改称工党。随着工党的出现，恩格斯所说的两个旧党轮流执政的“跷跷板游戏”再也玩不下去了。

到了二十世纪初期，宪章派当年提出的六项要求中的五项全部实现，政治权利的扩展其实远远超过了宪章派的想象，如妇女获得普选权，一切选民的参选年龄由二十一岁降到十八岁。议会每年改选一次技术上操作太难，没有被公众采纳。英国所走的逐步改进的道路也可以成为我们的思想资源，非常值得研究，以往未予重视，是非常说不过去的。1884年成立的费边社就是以渐进为原则，宣言由萧伯纳撰写。费边社标榜社会主义，积极参加英国工会组织各种争取权益的活动，汇聚了一批文化界的精英。《英国工会运动史》（1894，商务印书馆，1930年中译本）的作者就是费边社的核心人物西德尼·韦伯和比阿特

① 同上，第34页。

丽斯·韦伯夫妇。英国知识界一些人士（如比阿特丽斯·韦伯）出身富家，可贵的是他们完全背弃家庭的利益，献身于争取社会正义的事业。正是在多种因素的合力之下，整个国家逐渐就如何确保全体成员的福利达成共识。第二次世界大战期间，以经济学家贝弗里奇为首的调查委员会于1942年11月公布《贝弗里奇报告》，这份里程碑式的调查报告奠定了英国战后福利社会的基础和具体的实行方案。中国劳动社会保障出版社已于2004年出了报告的中文本，收入“社会保障译丛”。[①]

《巴别塔下》关于穆勒的一章专门谈及一个社会如何通过公共事务的“讨论”（discussion）来获取并传播真知。我以为维多利亚时代的讨论还是非常充分的。让我也来引用穆勒这段话：“讨论，或质疑公认的观点，只是两种不同的说法而已，实际上是一回事。当所有观点都受到质疑时，就能最终发现哪些是经不起仔细推敲的。古老的信条可以获得新的佐证；而那些一开始就不正确的信条，或因时过境迁而变得不合理的信条，也就被抛弃了。这就是讨论要做的事。正是通过讨论，才能发现并传播正确的观点。”只有“质疑公认的观点”，才能迎来新的学说和创新型社会。乔治·艾略特1846年翻译的施特劳斯的《耶稣传》质疑《圣经》上所说耶稣生平的真实性，过了不久，

① 福利社会会不会让懒人利用？任何社会都会有一些不那么勤快的人。比如王梵志诗里有一首《世间慵懒人》：“世间慵懒人，五分向有二。例着一草衫，两膊成山字。出语嘴头高，诈作达官子。草舍原无床，无毡复无被。他家人定卧，日西展脚睡。诸人五更走，日高未肯起。”英国现行福利制度中的一个重要环节是审核申请人的资格，虽有不尊重人格之嫌，还是必要的。

达尔文进化论（也可以译为演化论）从根本上动摇、颠覆了创世论。宗教的式微也使很多维多利亚时期作家、诗人无所适从，而"信仰"一词渐渐被"责任"和"文化"所取代。本书数次提及马修·阿诺德的《文化和无政府状态》，如有机会再版，建议修峰增添专论阿诺德"文化"观的一章。前面提到的威廉·莫里斯也值得一写，他的关键词是"艺术"。

英国社会没有压制挑战旧说的著作和理论，这种开放、自信的襟怀令人感佩。严复《天演论》将进化论介绍到中国，掀起一场文化上的地震，社会却因此获益。可以说，没有"物竞天择"的思想和以严复、林纾为代表的翻译界沟通中外的不懈劳作，救亡图存的意识、新文化运动和现代中国文学就难以产生。严复和林纾的翻译事业是与文化反思、文化自我更新结合在一起的。严复在1906年的一次题为《教授新法》演讲中，鼓励听众发扬讨论、质疑的精神。他认为读书治学必须做到于不疑处有疑，新式学生必须敢于"荒经""蔑古"："苟而同之，犹无益也。请言其不同之实。譬如今课经学而读《论语》至'子曰：巧言令色，鲜矣仁'，此其理诚然。顾其理之所以诚然，吾不能使小儿自求证也，则亦曰：'孔子圣人，圣人云然，我辈当信。'无余说也。又治史学读《项羽本纪》，写巨鹿之战，如火如荼，然其境象，万不能使学者亲见之也，则曰：'太史公古称良史，其书号为实录，所载自宜不差。'亦无余说也。由此二者推之，我辈所读一切之书，所传一切事实，莫不如是。岳飞主战，乃是忠臣；秦桧主和，故为奸相。凡皆以枯骨朽肉之定论，主张我辈之信心。……至若其事经皇帝所折中，昔贤所论断，则惟有俯首受教，不敢有违。违者或为荒经，或为蔑古。荒经、蔑古，皆大罪也。”[1]幸好批判性的创新思维在十九、二十世纪之交的中国迅猛生长，一百多年来也融入了我们的优秀文化传统，成为其生机勃勃的一部分。如果当时的读书人都是“俯首受教”的因循之徒，中国就不会有现代化进程和继往开来的全新知识结构。

今年是商务印书馆成立一百二十周年，我在这篇序言的末尾还要向这个以“昌明教育、开启民智”为宗旨的文化机构致敬。好像是拉扯远了，其实不然。商务自创始之初就出版严复和林纾等人的翻译作品以及与世界学术接轨的各种词典、刊物和著作，同时又不忘国本，大力普及传统经典。商务出书，意在引起讨论。陈云曾是该馆职员，他在为同仁写的《中国民族运动之过去与将来》中指出：“具有世界性的中国民族运动，在今后长时期的奋斗过程中，出路究竟在哪里？这是值得我们研究的。当然，各方面的观察是不同的。我希望每个亲爱的商务职工，参加讨论，坚决地破除往昔中国人民普遍‘不谈政治’的现象。”[2]如《巴别塔下》各章所示，维多利亚时期作家关于词语的讨论与我们也切切相关，我们不妨展开对于这些讨论的讨论。

---

① 《〈严复集〉补编》，孙应祥、皮后锋编，福建人民出版社，2004年，第70页至71页。

② 《商务印书馆一百二十年大事记》，1926年记事，商务印书馆，2017年。

历史演变中的福利社会

——从英国谈起

年轻的恩格斯在 1842 年 11 月至 1844 年 8 月曾在英国居住，他深入英国社会，调查了英国工人阶级的恶劣生活条件，也使用了大量的史料（“研究过我所能弄到的各种官方的和非官方的文件”）。1844 年 9 月至 1845 年 3 月间，恩格斯在德国写成《英国工人阶级状况》。此前英国还没出过同类著作。

十九世纪中叶，英国已经是一个法治程度较高的国家，恩格斯撰写这本早期经典著作时，英国议会就不断对童工、女工、工人上班时间等与煤矿、工厂相关的事务立法，不断取得一些小小的进步。社会舆论也对英国政府施加了极大的压力。维多利亚时代出过一位剧作家、报人，叫亨利·梅修（Henry Mayhew，1812—1887），杂志《笨拙》（Punch）的创办人之一。梅修在四十年代为当时的报刊以书信的形式写了大量反映伦敦社会问题的新闻报道，1851 年以《伦敦劳工和伦敦穷人》为题结集出版，对社会造成极大的冲击力。1862 年和 1874 年，他又出版插图本《伦敦刑事监狱》和《伦敦儿童》，继续拷问英国人的良知。在这二三十年的时间内，英国的上下两院未敢稍稍松懈社会治理的力度。恩格斯深深意识到自己研究的对象不是僵化固定的，因此非常关注《英国工人阶级状况》出版之后英国、欧陆国家和美国工人阶级状况的变化，包括一些新趋势、新现象。1887 年，这本书出了英译美国版（纽约，伦敦版 1892 年），恩格斯在这一版添加了“附录”，还在“序言”中谈及始于 1885 年的美国工人为争取八小时工作制而举行的大罢工，称罢工运动以燎原之势在全美国蔓延，“动摇着美国社会”。

1889 年 7 月，社会主义国际（即第二国际）在巴黎召开第一次大会，宣布将每年的 5 月 1 日定为国际劳动节。这一决定立即得到部分国家工人的积极响应。翌年 5 月 1 日，欧美很多劳动者率先走向街头，举行盛大的示威游行与集会，争取合法权益。工人阶级所取得的种种胜利，都被恩格斯记录下来。《英国工人阶级状况》德文本第二版是 1892 年下半年出版的，恩格斯在作于这一年 7 月 21 日的该版序言中又写道：“英国工人运动又向前迈进了一大步。几天前结束的国会选举向两个官方的政党——保守党和自由党——清楚地表明，他们现在对第三个政党即工人政党的存在是不能置之不理了。”恩格斯在这里所说的是在 1892 年的英国大选中，有三位工人竞选者入选下议院。此前英国对选民还有资格要求，入选议员不仅不拿取薪酬，自己还得支付竞选中的开销。到了 1892 年的大选，议员开始支薪，这样没有什么财产的工人竞选者在入选后就没有后顾之忧，可以全力投入与议员责任相关的工作。

恩格斯在逝世前几个月写的《卡·马克思〈1848 年至 1850 年的法兰西阶级斗争〉一书导言》中更明确承认，法国 1848 年的二月革命爆发时，自己或确切地说“我们”对形势的估计过于乐观：“历史表明我们错了，暴露出我们当时的刊发只是一个幻想。历史走得更远：它不仅打破了我们当时的错误看法。并且还完全改变了无产阶级借以进行斗争的条件。”新的条件之一就是普选权。这方面，德国工人阶级可以称为世界各国工人的表率，因为他们善用普选权。“人们发现，在资产阶级用来组织其统治的国家机构中，也有东西是工人阶级能利用来对这些机构本身作斗争的。工人参加各邦议会、市镇委员会以及工商业仲裁法庭的选举；只要在安排一个职位时有足够的工人票数参加表决，工人就同资产阶级争夺每一个这样的职位。结果弄得资产阶级和政府害怕工人政党的合法活动更甚于害怕它的不合法活动，害怕选举成就更甚于害怕起义成就。”德国工人的成就在欧洲各国有代表性，恩格斯接着列举了一系列欧洲国家通过议会道路的可行性，虽然恩格斯说明“外国同志们没有放弃自己的革命权”，但是他可喜地看到，合法的手段能比街垒战取得更大的成绩。

英国的一些传统制度也确保最杰出的人士参与国家立法和行政。十九世纪英国议院内部各种各样的委员会（committees）推出很多法案，有效防止经济和社会发展失控。比这类委员会级别更高的是由首相推荐、国王或女王任命的皇家委员会（Royal Commissions），它们由德高望重的人士主持，专门就一些伴随着工业革命而出现的重大社会问题或现象展开堪称透彻的调查，然后写出具有立法意义的报告。这些报告体现了恩格斯所说的“对正义和仁爱的让步”，缓解了阶级矛盾，维护了弱势群体的利益，也保证了社会稳定。英国学界精英一般视社会、经济、文化和政治为不可分割的整体，他们乐于在这些委员会任职，通过撰写报告为民立法，改良社会。“达尔文的斗狗”赫胥黎就担任过好几个皇家委员会的成员，调查的内容包括活体解剖、传染病防治、学校的科学教学和捕鱼。《英国工人阶级状况》出版后的四五十年里，英国经历了巨变，但是没有出现大规模的动乱和严重的阶级对立，约束人们行为的规范也大致得以延续，这在很大程度上归功于那些调查报告和各种议会提案。

恩格斯于 1895 年逝世，从 1895 年到 1920 年，英国大量法律出台并有效落实，弱势群体从房租到工伤各方面的待遇得到一定程度的保障。1897 年颁布的《工伤赔偿法》适用于煤矿等少数职业，1906 年扩展到所有职业。失业保险始于 1912 年，起初只覆盖几个行业，1920 年也扩大到一切行业。1905 年至 1909 年，一个皇家委员会对全国范围内的地方济贫展开调查，对历史悠久的济贫制度进行重大改革，使之惠及面更广。1908 年，英国议院通过《养老金法》，规定经济收入低于一定水平、七十岁以上的老年人即使从没有缴费也可以领取养老金。列宁是在 1924 年去世的，从 1924 年到第二次世界大战爆发，英国工人的福利进一步提高。根据 1934 年颁布的《失业保险法》，失业工人可以领取失业救济金。1936 年，中国政府派官员陈凌云到欧洲八国（包括苏联）和日本、美国考察社会救济事业，陈凌云回国后写了《现代各国社会救济》（商务印书馆 1937 年出版，孔祥熙题签），他在《序》中指出，英国在 1601 年就公布实施内容完备的《济贫法》。但是三百多年来，当局或上层社会对平民“施惠”的观念已被淘汰了：“各国多认社会救济乃政府对于人民之一种重要责任，在人民方面，则为一种应享之权利。故有抛弃‘社会救济’之名词，而改称‘社会福利’（social welfare），或‘社会事业’（social work），或‘公共协助’（public assistance）者……”对当时的中国读者而言，这种新的观念态度还极其陌生。

二十世纪三十年代的英国社会在进步，新的不合理现象也不断出现。而且，上述法律显得有点零散，如何把它们统合起来是摆在英国政府面前的一项任务，社会上要求改革的呼声越来越高。二战爆发后，英国实行物资配给制度，平等的观念深入人心，不可能有人囤积居奇发国难财。（英国的配给制度战后一段时期继续维持，而中国当时市场混乱，物价腾贵，无法控制。）1941年6月，经济学家贝弗里奇受英国战后重建委员会委托，出任新设的社会保险和相关服务部际协调委员会（简称“调委会”）主席，着手制订英国战后社会保障计划。调委会对当时英国的社会保险方案及相关服务进行为时一年多的调查，于1942年11月提出具体方案和计划，这就是里程碑式的《贝弗里奇报告》的来源。中国劳动社会保障出版社2004年出版了报告的中文本，收入“社会保障译丛”。

贝弗里奇接受的重任意义非凡。英国正面临二战的严峻挑战，如果能全方位改革当时实行的政策，缩小贫富差距，给普通民众更多反映了社会价值理念的实惠，将大大提高英国人民必胜的信心。《贝弗里奇报告》的出台确实使广大民众对战后的生活抱着热切的期盼，有利于克服眼前的种种困难，报告中不少文字是十分感人的。调委会效率极高，完成这项任务总共花费4,625英镑，其中大约3,150英镑用于印刷、发行这份报告及各有关单位备忘录的合订本。

成立于 1900 年的英国工党是福利政策的积极推动者。在 1945 年 7 月的大选中，工党之所以能够击败声誉正隆的丘吉尔领导下的保守党，《贝弗里奇报告》起到了关键性的作用。工党领袖艾德礼出任首相后，对英国煤矿、铁路和航空等大工业实行国有化，在英国建立实行“从摇篮到坟墓”的福利国家。政府为每个公民免费提供全方位的医疗和康复服务，对低收入或无收入家庭提供国民救助。同样引人注目的是子女补贴，从此国家直接代替家庭向非劳动人口承担部分抚养责任。欧洲大陆其他国家也纷纷仿效英国，把福利社会的建设作为奋进的目标。

其实英国的其他党派也不是完全站在福利政策的对立面。正如英国自由派史学家屈维廉所说，英国比较强势的社会主义运动一直到十九世纪末才出现。“但是对自由放任精神的不满早就存在了。约翰·斯图亚特·穆勒死于 1873 年，留下一笔新的开明哲学（neo-liberal philosophy）遗产，它对下一个时代的思想和实践产生深远影响。穆勒的信条是半社会主义的，他主张用政府直接征税尤其是各种遗产税来更有效地分配财富；他主张社会立法，而这些法律又能通过国家和地方各层面的政府机构不折不扣地得到贯彻执行，从而改善生活状况……穆勒相信，民主和政府机构互相合作，现代英格兰的社会基本上就是建筑在这个基础上的，即使穆勒本人和他的哲学已经过时了。”穆勒是维多利亚时代自由派（liberal 一词也可以译为“开明”）的代表，严复翻译的《群己权界论》（*On Liberty*）一书作者。

设想再完善的制度也会有缺陷，《贝弗里奇报告》所规定的福利制度自然也不例外。但是像撒切尔夫人那样的将部分国有企业私有化的保守党政治家也未能改变英国作为福利国家的基本性质。二十世纪六十年代英国经济出现的滞胀现象是否必然与福利制度相关，是可以商讨的。罗志如、厉以宁合著的《二十世纪英国经济："英国病"研究》在1982年出版，该书第四章的题目是《福利国家、财政负担和低效率的经济》。两位作者将福利国家与财政负担和低效率经济相联系，所使用的参考材料大多聚焦于全民福利制度带来的部分弊端。笔者在留学时有几位毕业于北大经济系的朋友，他们对福利社会毫无兴趣。这是在八十年代，不难理解。我现在想强调的是当时中国学生以本国的模板来理解社会主义，非常片面。英国工党领袖卡拉汉在1980年5月访华时说，工党也信奉社会主义，当时的中国人从报上看到相关的报道，十分惊讶，无非是少见多怪罢了。英国后来走出"英国病"，绝不是以放弃福利制度为代价的。

从《贝弗里奇报告》到《二十世纪英国经济："英国病"研究》，有整整四十年的时间。改革开放以后的经济学界较多关注福利社会的毛病，它的很多成就不幸被我们忽略了。2012年伦敦奥运会开幕式表演上，真正做到服务到家的"国民医疗服务"（简称NHS）占有突出的地位。NHS作为福利制度最重要的组成部分，确实是英国的骄傲。英国作家阿·约·克罗宁（1896—1981）的职业是医生，二三十年代时曾为英国矿务部所属煤矿的工人进行职业病调查，医疗界责任感的缺失使他心中不安。他的小说《城堡》（*The Citadel*，1937年出版）对当时的一些有关医疗的社会弊病有深刻的揭示。只知道卡夫卡的经典《城堡》而不知克罗宁的同名小说（“文化大革命”前就有中文译本）是十分可惜的。克罗宁的《乡村医生》在英国拍成电视剧，呈现的是普通医生的奉献精神。没有广大医务界人士发自内心的不计回报的职业态度，英国的“国民医疗服务”整套制度就不可能创立并有效维持。我国因病致贫的现象仍未绝迹。医务界要真正学习“协和精神”，就得记住毕业时宣读过的希波克拉底誓言，并用习惯成自然的行动来体现誓词的精神。

2016年，我国还有数百万劳动者遭遇欠薪，以至总理出面责令有关部门帮一位农民工“讨”薪。即使在十九世纪的英国，资方也不敢不发或恶意拖欠工资，起码我没有在《英国工人阶级状况》中看到这样的例子。就在我准备将此文发给《中华读书报》的时候，我还在《新京报》（2017年6月15日）的“来信”栏读到一封主题为“社会养老亟待发展”的信件，这位身份为公务员的读者写道：“不可否认，家庭依旧是老年人养老的基本保障。然而，伴随着经济社会的转型，家庭养老功能日益弱化已经是一个现实。”近年来我们的媒体宣传洪战辉等“孝子”“孝女”的事迹，并未想到洪战辉等人所做的一切，应该由国家和非营利的社会组织来承担。照顾公民特殊困难的责任不能下放到家庭。可惜我们对福利社会的形成过程及其理念的了解是远远不够的。恩格斯如此关切《英国工人阶级状况》出版后英国工人运动所取得的成绩，掌握的史料如此充分，我们应该以同样的精神来认识福利社会并借鉴有益的经验，同时把理论研究与历史研究结合得更为紧密。

《非洲文学批评史稿》序言[1]

大量的考古发现以及生物遗传学家的基因研究证实，非洲是人类的发源地。这片古老的大地充分被人类所认识，相对来说，却又是比较晚近的事。要为文化语言上丰富多样的非洲撰写一部可读的文学史，其难度超出了我们的想象。

今年7月上旬，有五十五个会员国的非洲联盟（African Union，其前身为成立于1963年的非洲统一组织）在尼日尔首都尼亚美召开非洲大陆自由贸易区特别峰会，正式宣布成立非洲大陆自贸区。目前，作为一个整体的非洲，正不断在全球发出声音。但是在历史上，“非洲”这一地理概念是随着全球化的进程逐步建构起来的。

腓尼基人早在公元前八世纪左右就在迦太基（今突尼斯城）建立城邦，逐步扩张，其势力范围跨越直布罗陀海峡，抵达西班牙南部纵深地区。罗马人称该城居民“布匿人”，公元前三世纪至前二世纪，罗马和迦太基不断兵戎相见，这些战争史称“布匿战争”。公元前146年迦太基失陷，惨遭洗劫，过了一个多世纪，罗马帝国奠基人奥古斯都（屋大维）将迦太基定为罗马阿非利

---

① 《非洲文学批评史稿》，［尼日利亚］泰居莫拉·奥拉尼央、［加纳］阿托·奎森主编，姚峰等译，华东师范大学出版社，2020年。

加（Africa）行省省会，重新繁荣。[1]这是罗马帝国在北非第一个领地，后来殖民地范围越来越广。鼎盛期的罗马帝国拥有地中海周边所有地区，包括从埃及到利比亚、突尼斯、阿尔及利亚和摩洛哥的大片土地。北非不仅出了一位罗马帝国的皇帝（塞普提米乌斯·塞维鲁，193—211在位），还产生了基督教最重要的思想家之一圣奥古斯丁。公元五世纪汪达尔人（日耳曼民族一支）入侵迦太基，又制造一次文化灾难。公元六世纪末，迦太基转手成为拜占庭帝国的军事特区，百年后又被阿拉伯人征服，阿拉伯人的文化也进入伊比利亚半岛。笔者在此略说北非古代史，无非想强调一点，即地中海沿岸地区文化上多元和混杂的特性不能与二十世纪文化政治上的“黑非洲”混为一谈。法国年鉴派史学家布罗代尔将整个地中海世界作为他的研究对象，马丁·贝尔纳则在《黑色雅典娜》一书追寻古希腊罗马的亚非之根。十三四世纪，摩尔人在西班牙南部城市格拉纳达设计建造阿尔罕布拉宫（1986年入选《世界遗产名录》），尽善尽美地体现了伊斯兰风格。十五世纪末穆斯林势力退出格拉纳达，阿尔罕布拉宫几经修复、重建，也增添了一些欧洲文艺复兴时期的特色。但是，十三四世纪的阿拉伯建筑也不能用本质主义的语言来描述，地中海文明本来就有一些共享的资源。从文化上来说，我所理解的非洲文学并不局限于当今世界地图上

① 莎士比亚戏剧《安东尼和克里奥佩特拉》讲述的就是罗马将军安东尼（奥古斯都的妹夫）与埃及女王的爱情故事以及罗马出兵征服埃及。德莱顿的《一切为了爱情》是同一故事的新古典主义版本。《奥赛罗》中的同名主人公是摩尔人，即北非阿拉伯人和柏柏尔人的混血后代。

的非洲，阿拉伯民间故事集《一千零一夜》来源于印度、波斯、伊拉克和埃及。1988年获诺贝尔奖的埃及作家纳吉布·迈哈福兹使用的就是阿拉伯语，但是他又精通英语，深受英语作家和托尔斯泰、巴尔扎克、左拉等巨擘的影响。我深以为，取历史的视角，纯粹的“非洲性”是不存在的。这本厚重的《非洲文学批评史稿》全面呈现了非洲文学内在的张力和多元的发展过程，我阅读后反而生出这样的想法：“黑人性”的建构有其政治意义，但终归是徒劳的，人的肤色远不及带有普遍意义的人类价值重要。

文艺复兴时期的欧洲航海事业把非洲卷入全球化的历史进程，贩运奴隶是其中极其丑恶的一章，尽管此前非洲内部已有人口贩卖的记载。欧洲人在非洲的殖民探险活动在十九世纪到达高潮，有关非洲语言文化的知识也在此过程中不断扩展、深化。殖民主义的一些遗产已成为今日非洲文化的一部分，比如非洲使用法语的国家和地区不下三十个，尽管有很多地方差异，法语的影响无处不在。英联邦在非洲的国家有十八个，包括第一人口大国尼日利亚和非洲最发达的国家南非，英语是这些国家的通用语或官方语言。

中国现代文学萌芽发育阶段，欧美文学是重要的参照物，因此以鲁迅为代表的作家往往在欧美和日本文学的翻译上多有建树，非洲文学的概念当时还没有产生，作品的译介也未列入日程。由此看来，非洲文学更像是四五十年代兴起的非洲民族主义运动的伴生物。二十世纪五十年代，“亚非”一词在东西两大阵营对峙的背景下出现在我们的政治文化生活中，而且一度成为关键词。

1955年印度尼西亚万隆会议的别称是亚非会议。1956年12月在印度新德里召开过亚洲作家会议，第二年年底在开罗举行的亚非团结大会决定筹划第一届亚非作家会议。1958年10月在苏联的加盟共和国乌兹别克斯坦首都塔什干举行，会议的主题是反帝国主义和殖民主义。1958年第十期《人民文学》配合这次盛会，发表茅盾《祝亚非作家会议》一文，与此同时，茅盾率中国作家代表团与会并作报告《为民族独立和人类进步事业而斗争的中国文学》。1959年年初，作家出版社还将茅盾、巴金等中国代表的发言和评论汇集成册出版，取名《塔什干精神万岁——中国作家论亚非作家会议》。

第二次亚非作家会议于1962年2月在开罗召开，中国也派作家代表团参加。茅盾所作报告的题目意味深长：《为风云变幻时代的亚非文学灿烂前景而祝福》。“风云变幻”四字或许暗示着五十年代的“东方”社会主义阵营已经出现难以调和的分裂。1966年6月至7月，北京召开了亚非作家紧急会议，当年7月10日的《人民日报》做了专题报道，但是原定1967年在中国举行的第三届亚非作家大会却未能如期召开，亚非作家会议与中国渐行渐远。[①]1966年“文化大革命”爆发，那一年的《世界文学》杂志出了一期就停刊，亚非文学在我国的主要窗口也随之关上。

① 详见王中忱《亚非作家会议与中国作家的世界认识》，载《中国现代文学研究丛刊》，2003年第二期，第66页至84页。

《世界文学》1977 年下半年试行复刊，第一期还是“内部发行”的，载有叶君健翻译的莫桑比克和南非的六首诗，均选自尼日利亚诗人、作家索因卡编辑的《黑非洲诗集》。叶君健在题头介绍中指出：

> 非洲长期受帝国主义统治，民族语言长期受到压抑和摧残，知识分子所受的教育也就是帝国主义强加给他们的殖民主义教育。他们从事文学创作，所熟练的也都是欧洲语言。通过这些语言他们无形地吸收了西方的“文化营养”，因此不管他们用哪种语言创作，他们都表现出一个共同点，即他们都深受欧洲——也包括美国——近代文艺思潮的影响。正如这本集子的编者索因卡在序文所指出的，《荒原》、法国达达主义、美国“垮掉的一代”的影子，都在他们的诗作中找到痕迹。但作为非洲的诗人，他们所处的社会环境和上述这些资产阶级流派的社会背景又是多么不同！这是长期殖民主义所造成的一种很特殊的现象——也是长期殖民主义统治所遗留下来的一种后果。[1]

笔者以为，非洲知识分子使用的欧洲语言，未必就是一件紧身衣。就如马克思、恩格斯使用德文和英文，丝毫不影响他们创立极富颠覆性的新学说。非洲反殖民主义先驱、非洲统一组织倡导人恩克鲁玛那辈非洲领导人大都曾留学欧美国家，或者是像卡翁达那样的基督徒。坦桑尼亚国父尼雷尔甚至把莎士比亚剧本从英语翻成斯瓦希里语。叶君健的批评是有偏颇的，

① 《世界文学》，1977 年第一期（内部发行），第 119 页。

但是他的观点也在某种程度上反映于这本文集里所收的钦韦祖论文《浪子，回家吧》。《黑非洲诗集》编者索因卡本人也是在伊巴丹大学接受教育后赴英国利兹大学读英国文学，他在挖掘本土资源的过程中不可能清除英语文学和欧洲文学对他潜移默化的影响。阿拉伯语、英语、法语、葡萄牙语、德语、布尔人（荷兰、德国和法国早期移民后裔）使用的阿非利堪斯语和产自非洲本土的斯瓦希里语、豪萨语都可以成为非洲作家的语言工具[①]，然而本土语言却可能成为非洲作家走向世界的障碍。这现象不公平，但是现实就是如此，抱怨无济于事。1986 年，用英语创作的索因卡荣获诺贝尔文学奖。两年后，使用阿拉伯语的埃及作家纳吉布·迈哈福兹也获此殊荣，不过他也通晓英语，读过大量英语或翻译成英语的欧美文学作品。后来得到这一荣誉的南非作家纳丁·戈迪默和库切使用的语言都是英语。我想在此申说的是，英语、法语等欧洲语言就和阿拉伯语一样，背后都有伟大的文学传统，并不是想象力和创造力的禁锢者，如能合理使用，反而是一种巨大的优势。非洲作家在世界上的影响不比亚洲作家小，可能就是语言上的原因。

我国的非洲文学译介起步于五十年代。1955 年和 1963 年，上海文艺联合出版社和上海少年儿童出版社推出两种《非洲民间故事》，多丽丝·莱辛的《渴望》（解步武译）和《高原牛的家》（董秋斯译）先后于 1956 年和 1958 年出版。1958 年 8 月、9 月两期《译文》是“亚非文学专号”，登载了一些政治宣

① 非洲究竟有多少种语言，至今仍无确数，大约在八百到一千种左右。

传鼓动的作品，比如《起来，行动吧！》（莫桑比克）和《受不了啊，穷苦的黑人！》（桑给巴尔）等诗歌。第二年《译文》改名《世界文学》，但是卞之琳、叶水夫、袁可嘉和陈燊四人合作的重要文章《十年来的外国文学翻译和研究工作》（载《文学评论》1959 年第五期）基本上谈的都是俄苏和欧美文学，没有出现“非洲文学”四个字，只是说到“我们的翻译面还包括了这些亚非国家的名字”时点到四个非洲国家：喀麦隆、马达加斯加、埃塞俄比亚和南非联邦。[①] 但是到了 1961 年，《文学评论》刊出两篇有关非洲文学的论文，柳鸣九、赵木凡的《战斗的非洲革命诗歌》（1961 年第一期）和董衡巽的《“黑暗大陆”的黎明——评介非洲反殖民主义小说》（1961 年第五期）。当时的《文学评论》的篇幅要比现在小得多，刊出这样的文章，有配合国际形势（比如阿尔及利亚独立）的一面。不过也应该注意到这一现象：两篇文章引用的非洲作家作品，有的发表于法国文学杂志，或由英国老牌出版社（费伯）推出，可见殖民国家也为反殖民文学搭建平台。过了两年，《世界文学》杂志还推出“黑人文学专号”（1963 年 9 月号），阿契贝的《瓦解》（*Things Fall Apart*，1958）也由作家出版社在 1964 年出了高宗禹译本。1965 年年初，海政文工团话剧团在京演出集体创作的《赤道战鼓》，支持刚果（利）[②] 人民的反对帝国主义斗争，卢蒙巴

① 《文学评论》，1959 年第五期，第 46 页。

② 原比属刚果，1960 年独立后定名刚果共和国，因首都为利奥波德维尔，又称刚果（利），1964 年国名改为刚果民主共和国，1966 年首都更名金沙萨，改称刚果（金）。该国 1971 年至 1996 年称扎伊尔。

的名字传遍全国，各种连环画和宣传画相继问世，《人民文学》也将剧本全部刊出。全国各地的地方戏剧团也都改编这个剧本搬上舞台，《文学评论》1965 年第一期的头条就是陈斐琴的《谈〈赤道战鼓〉的创作》。当年八一电影制片厂还把《赤道战鼓》拍成电影，笔者小学还没有毕业，曾在杭州的人民电影院观看。当年在美国支持下发动政变的蒙博托于 1973 年 1 月作为扎伊尔共和国总统来华访问，这时候的地缘政治已经发生了翻天覆地的变化。在反殖民主义的语境下，半个多世纪前的中国学者纯粹是从政治立场上介绍、讨论非洲文学。其实非洲国家独立后还遇到无数挑战，有的问题并非来自过往的欧洲人殖民统治。波兰裔英国学者斯坦尼斯拉夫·安德烈斯基的《非洲的困境》揭示了非洲国家如何在政治正确的话语指引下走向迷途。这本书出版于 1968 年，很多内容读来仍未觉过时。奈保尔曾经讽刺过一些非洲留英美学生或激进左翼人士，他怀疑这些充塞了进步理念的知识分子回国后是否能真正造福非洲。南非的种族隔离政策废除已四分之一个世纪，曼德拉的几位继承者如何治理自己的国家？祖玛今天所面临的指控，安德烈斯基五十年前就预见到了。总是以受害者自居，就难于直面自身的痼疾。

非洲文学是新兴学科，我国绝大多数大学的外国语言文学院还没有设立这一学科的课程，学术研究力量也相对薄弱。今年 6 月，华东理工大学出版社出版了朱振武主编的《非洲英语文学研究》和《非洲国别英语文学研究》，值得庆贺。现在这本《非洲文学批评史稿》涉及范围广泛得多，有的话题（如民族文化、不会沉默的声音）的意义超出非洲，而且作者能将非洲文学置于各种当代批评流派的理论框架下解读，对我国的中外文学和比较文学研究者而言是具有非凡价值的。我还深深感到，当下的非洲学界长于理论生产，已经走在我们的前面。我相信，假以时日，《非洲文学批评史稿》必定是非洲文学爱好者和研究者的必备之书。

写毕于 2019 年 8 月 8 日

记忆的迷雾

——略谈石黑一雄的小说

俞平伯早年说的一段话值得反复阅读："历来无行的文人多矣，可怪的是，看看他们的诗依然忠厚悱恻冲和高雅，无别于君子之作。此说何耶？说为遮掩文饰近之矣。"俞平伯已超越了"思无邪"的创作观，他相信君子会露马脚，小人则耻为小人，而大家写作之前，先有一个"自欺欺人"的过程："淫鄙贪污的意欲闯进意识圈儿里，或者早化为温柔敦厚的面目了（这也是一种 sublimation）。于是在作者的心和手，读者的眼和嘴，所挥洒，所吟咏，皆蔼然仁者之言，乌睹其为淫鄙贪污也哉！"其实，每一个人在回忆往事的时候都会有类似的"遮掩文饰"，也许"无行文人"天下滔滔，反映在每个人身上程度不同而已。

如何面对自己过往的历史？心灵是否能在回忆的过程中进一步成长？我曾经在评英国当代作家朱利安·巴恩斯时说过，以不变应万变的固定的自我并不存在，所谓的"立身行道，始终如一"之类的评语永远不能在现实中印证。钱锺书是不写回忆录的。他意识到回忆都不大靠得住，自己回忆往事也不例外；当我们回忆的时候，某种奇怪的心理功能就会要弄我们，保护我们："我自知意志软弱，经受不住这种创造性记忆的诱惑，干脆不来什么缅怀和回想了。"钱锺书还说，关于历史的写作，现在支配着过去，“自我整容”是在不知不觉间完成的。今年获诺贝尔文学奖的日裔英国作家石黑一雄是一位专写记忆的大师，他的小说往往借用人物不同时期的记忆过程来刻画性格，反思历史，并由此揭示人性的脆弱和“事实”的多重面相。

石黑一雄 1954 年生于日本，1960 年跟父母移居英国。一位亚裔学生在英国接受教育，当然对自己特别的身份比较敏感。石黑一雄在接受采访时说过：“虽然我在这个国家（英国）长大，在这里接受教育，我看待世界的方式中一大部分是日本的，因为我由日本父母抚育，我总是通过我父母的眼睛来看这个世界。”但是我以为更应该把石黑一雄当作一位有着强烈国际意识的英国作家来看待。比如关于记忆以及相关的自我认知、自省或文饰也是当代英国作家（如伊恩・麦克尤恩、朱利安・巴恩斯）所热心探索的话题。他的第一部小说《远山淡影》出版于 1982 年，翻译成中文只有八万多字，只是较长的中篇。但是这是一部让我非常佩服的处女作。石黑一雄 1978 年毕业于肯特大学后又在 1980 年获得东安格利亚大学“创作课程”（creative writing course）硕士学位。这门课程开办的时候引起一番争议：哪有作家是这么培养出来的？不过读过这门课程的学生很快用自己的小说创作业绩为母校赢得了荣誉，伊恩・麦克尤恩就是学生中最早出名的一位。1989 年石黑一雄的代表作《长日留痕》获当年布克奖，当时作者才 35 岁。我国外国文学研究者当时就非常关注石黑一雄，《世界文学》和《外国文学动态》都曾报道过他的新作。笔者主编的英国二战后小说研究论文集《现代主义之后：写实与实验》（1997）里就收有上海社科院瞿世镜先生的文章《当代英国中青年小说家》，石黑一雄在文中占有显著的地位。

《远山淡影》就是对“创造性记忆”的解剖。小说中的叙述者“我”也承认：“回忆，我发现，可能是不可靠的东西；常常被你回忆时的环境所大大地扭曲，毫无疑问，我现在在这里的某些回忆就是这样。”叙述者悦子是移民英国的日本人，二战之前就在长崎结了婚，生了女儿景子，但是二战结束后悦子独自带了景子移民英国，后来嫁给一个英国人，生了第二个女儿妮基。她没有交代为何离开她的日本丈夫。两个女儿在异国长大成人后，景子自杀了，原因不详，或许她并未融入新的环境。景子的死成为悦子的心病。当妮基去看望独居的母亲时，悦子心里明白：“她来是准备告诉我：事实仍旧如此，我不应后悔从前做的那些决定。简而言之，是来安慰我说我不应为景子的死负责。”悦子是在自欺，她完全屈服于钱锺书所说的“创造性记忆的诱惑”。石黑一雄说：“我喜欢回忆，是因为回忆是我们审视自己生活的过滤器。回忆模糊不清，就给自我欺骗提供了机会。作为一个作家，我更关心的是人们告诉自己发生了什么，而不是实际发生了什么。”悦子回忆的方式非常特别，这与石黑一雄做社工的经历相关。他注意到无家可归者不会直截了当地说出他们的故事：“我就觉得用这种方法写小说很有意思：某个人觉得自己的经历太过痛苦或不堪，无法启口，于是借用别人的故事来讲自己的故事。”在《远山淡影》里，悦子虚构出一个佐知子来掩护自己，尽量为佐知子对女儿万里子的行为辩解，从而不必直面自己的罪恶感。但是她故事讲到最后的时候一不小心暴露了真相：佐知子就是她自己，而心理受到巨大伤害的万里子就是她自杀的女儿景子。石黑一雄是极为含蓄克制的作家，他丝毫没有渲染悦子说漏嘴的场景，一切还是那么自然冲淡，读者很容易漏过那个精心安排的细节。生怕读者不能领会自己深刻用意并有铺陈之病的作家不妨学一学石黑一雄的隐忍不发。悦子放弃为自己辩解了吗？她还是会说自己离开日本有正当的理由，所做的一切都是为了景子好（“我是为你好才这样做的！”这是很多父母的口头禅）。悦子内心深处有一股股冲突的潜流，她始终没有勇气公开懊悔，更谈不上忏悔。她还想欺瞒自己，在欺瞒中获取继续生活下去的勇气。

石黑一雄的第二部小说《浮世画家》（1986）以二战前后的日本为背景，也是拷问良知、推敲记忆之作。小野增二是日本战前和战时很受欢迎的军国主义画家，日本战败后他突然枯萎，画作也都收了起来，连在家里也不敢挂出来。但是他口口声声说自己是正常退休的。日本投降后美国文化涌入日本，小野暗暗不服。外孙一郎在家里假装骑马奔驰，嘴里还发出马嘶声，原来他是在学美国牛仔“独行侠”（电影 *Lone Ranger*）；他想做“大力水手”（电影 *Popeye the Sailor*），劝外公多吃菠菜。我国读者对日本在美军占领期间发生的文化巨变所知不多，未必会对这些文化转型的细节感兴趣。为了理解《浮世画家》，美国史学家道尔的《拥抱战败》（生活·读书·新知三联书店已出版胡博译本）是很有帮助的。到了四十年代末，尽管日本还有无数未能清理的废墟，文化却变得几乎难以辨认，连小野的女婿也认为，孩子与其崇拜日本历史上的武士，还不如崇拜美国英雄。面对新时代的潮流，小野无所事事，“只是闷闷不乐地在家里转悠”。他回忆起自己少年时学画的经历，自己对得起当时被认为“离经叛道”的同学吗？如何评价战争中的死者就更难了。他们是死得“英勇壮烈”还是“为了愚蠢的事业浪费了生命”？小野和他女婿的观点出现分歧。年轻一代反思战争，有和平主义的思想，还有些人“不敢露出自己的真面目，不敢承担自己的责任”。这不正是一度自以为“爱国”并被战前的官方宣传洗脑的画家小野吗？小野自语：“年轻一代的性格出现了一种我不能完全明白的改变，这种改变在某些方面无疑是令人不安的。”三十年代初期出现一座新酒馆，它内部装潢也在颂扬所谓的“爱国精神”，而小野就是这家酒馆的常客。小野至今仍然如此强辩：“他们的作品都是坚定地效忠于天皇陛下的。”小野的创作对国内已经兴起的扩张主义、军国主义起到了推波助澜的作用，他居然还有充足的“理由”：艺术界的“颓废”倾向削弱了传统的文化结构，必须与之对抗。这使人想起三十年代德国的伪古典主义法西斯艺术。

小野年轻时住在“毛利君”家里学画。在他含混不清的回忆中读者得知一位叫佐佐木的学生被画室驱逐了，小野本人是不是伤害佐佐木的元凶？在小说中他的回忆变成了诿过于人的“杰作”，与悦子的回忆有明显的相似之处。学生绅太郎战前跟着小野画所谓“中国危机”（即卢沟桥事变后日本的侵略）宣传画，公开表达了他对小野的作为心存疑虑。但是小野的记忆却是一片模糊，他甚至还说：“当时国家处于紧急关头，应该停止犹豫，做出决策了。据我回忆，你画得很好，我们都为你的作品感到骄傲。”绅太郎想请小野给有关部门写一封信，说明他画那张宣传画时当面对老师表达过自己的犹豫和反对，但是小野对他的态度却非常野蛮：他转过身，背对着绅太郎，不予理睬。小野认为绅太郎“不需要用谎言替自己开脱”，但究竟是谁在为自己开脱呢？

小野另一位学生黑田在战时被关入监狱，被称为“叛徒”，还遭毒打，战争结束就释放了，而且得到艺术教师的职位。读者能从小野回忆的碎片中推知小野是导致黑田被捕的责任人。小野碰到黑田的学生，还是以教训的口吻说话：“我和黑田先生刚认识的时候，你实际上还只是个孩子。关于你不知道具体情况的一些事情，我希望你不要草率地得出结论。”年轻人也不顾情面：“坦率地说，我很惊讶您有这样的勇气。竟然登门拜访，仿佛您只是一位友好的访客。……可是我们现在都知道了，谁才是真正的叛徒。”小野真的忏悔了吗？丝毫没有，他还在对自己说“我不会让年轻人的话严重影响我的情绪”。当他在女儿相亲的餐桌上说：“当时我是凭着坚定的信念做事的。我满心相信我是在为我的同胞们谋福利。可是您看到了，我现在坦然承认我错了。”这是真心的悔恨，还是为自己开脱罪责？他甚至当着下辈说：

> 任何一个看重自己尊严的人，却希望长久地回避自己过去所做事情的责任，这是我难以理解的。承认自己人生中所犯的错误，并不总是容易的事，但却能获得一种满足和尊严。不管怎么说，怀着信念所犯的错误，并没有什么可羞愧的。而不愿或不能承认这些错误，才是最丢脸的事。

小野战时的作为真正是出于“信念”吗？还是萨特所说的“虚假信念”？《浮世画家》几乎没有冗笔。企业家杉村明死后小野买了他位置极佳的大房子，具体过程如何？我们能相信他的叙述吗？一部不过十万字的小说隐藏了大量似非而是、似是而非的内容，有心人可以挖掘出丰富的内涵来。

但是石黑一雄也在不断给自己开拓新的领地。无所顾忌的记忆真能照亮自知、启发良知吗？他的近作《被掩埋的巨人》从另一个角度讨论了记忆和忘却的意义。公元六世纪的不列颠人和撒克逊人相安无事，原来他们的记忆消失在一片迷雾之中，过往的血腥历史是否应该激活？宽恕和复仇，应该作何选择？二十世纪九十年代的巴尔干半岛上一些已经沉睡的历史被不同族群不断讲述、回忆，结果各种扭曲的民族主义化为巨大的破坏性力量。是否作家也应该节制煽起仇恨的冲动？

最后再说几句。石黑一雄小说涉及重大历史事件，《当我们是孤儿的时候》与中国近代史关系紧密，叙述者的回忆和侦探般的敏锐判断让我钦佩。现在说到《长日留痕》，一般都为叙述者史蒂文斯未能实现的爱情惋叹，但是二十世纪三十年代的历史背景同样值得关注。达灵顿勋爵和他的一些朋友希望用外交途径（即臭名昭著的绥靖政策）来应对德国方面的要求。为什么当时英国精英阶层有这种倾向？《凡尔赛和约》对战败方提出极为苛刻的条件，战胜国一些有正义感的精英为德国抱不平，最有名就是英国经济学家凯恩斯。读一读凯恩斯的经典《和约的经济后果》（1919）就会看到二战与一战之间的联系。这已超出了本文的范围，就此打住。

一个伟大城市永不停息的声音①

城市是有声音的。帕慕克的《我的名字叫红》是一部色彩之书，但他完成于2014年的新作《我脑袋里的怪东西》（上海人民出版社，2016年）则充满了一个伟大的城市中永不停息的喧嚣：火车和轮船的汽笛声，合法和不合法的建筑工地上的嘈杂，街头的咒骂和打斗。在各种各样的声音中最动人的，莫过于小贩的叫卖。

穆斯塔法跟着哥哥哈桑从土耳其中部的科尼亚地区到伊斯坦布尔谋生，他们在这个城市建了"一夜屋"，安顿了下来。当时超市还没有渗透到城市的每个地区，居民对食品和饮料的需求在一定程度上还由个体商贩提供。穆斯塔法看准酸奶和钵扎有市场，就挑着担子在大街小巷叫卖。钵扎是一种西亚的浓稠饮料，由小米发酵制成，呈深黄色，微含酒精，在穆斯林中间很受欢迎。1969年，小说主人公、穆斯塔法12岁的儿子麦夫鲁特也从乡下来到了伊斯坦布尔，一边做他父亲帮手，叫卖酸奶和钵扎，一边继续上学。《我脑袋里的怪东西》通过麦夫鲁特和他亲戚朋友们的众多声部讲述了他们从1969年到2012年间的经历，这些外来打工者的生命也融入了这段时期的伊斯坦布尔编年史。

---

① 本文载2016年4月22日《解放日报》

麦夫鲁特初到这个五方杂处的城市，只想多帮父亲赚钱，太累了就逃课，于是读书反而成了他的副业。他勉强读到高中，功课太差毕不了业，只好去当兵。两年后回到伊斯坦布尔，没有好去处，就子承父业，继续做走街串巷的小贩。当时高大的旧式公寓楼五六层的住户想从小贩手里买东西，就从窗口放下一只系着铜铃的篮子，篮子一路下降，发出悦耳的铃声。那铃声象征着一种已经逝去的买卖双方互相信任的购物方式。有时篮子里放的是赊账本而不是钱，麦夫鲁特会按主顾的要求将酸奶或钵扎放入篮中，同时在本子上写明分量，便于日后结算，他从不担心顾客赖账。

《我脑袋里的怪东西》中还有另一种声音，那是日常生活中良知的声音。麦夫鲁特并没有指导人生的抽象理念，但是他在现实生活的无数细小事例中，都表现出近乎本能的善良。即使面对尴尬，也不让别人为难。书中一位人物说："让一千万人聚集在伊斯坦布尔的东西是生机、利益和账单，但只有一样东西支撑着这茫茫人海中的人们，那就是爱。"爱从来不是一个闪光的理念，而麦夫鲁特身上的爱特别值得评说。

麦夫鲁特在堂兄考尔库特的婚礼上见到新娘的两个妹妹，与小的那位目光相遇，立即成为她那双美丽眼睛的俘虏。他把自己的秘密告诉另一位堂兄弟苏莱曼，打听姑娘的名字，想给她写信。苏莱曼明知麦夫鲁特说的是小妹萨米哈，却故意告诉他大妹拉伊哈的名字。麦夫鲁特从小读书不好，写情书就为难他了。他请同学代笔向拉伊哈表白爱情，生怕写得不够生动，还从《情书指南》之类的书里寻找不免有点俗气的比喻。他当兵时自己又写了两年的情书。他回到伊斯坦布尔，深信拉伊哈也是爱他的，就在苏莱曼的帮助下实施了大胆的私奔计划。私奔成功了，麦夫鲁特得到的却不是他的意中人，禁不住失望、错愕，但是他知道拉伊哈真心爱他，就尽量克制，决不让她难过，将错就错地与她结了婚。婚后麦夫鲁特兴致勃勃地做小贩，还产生了真正的爱情。苏莱曼气量小，他看麦夫鲁特生活安定幸福，就把实情告诉拉伊哈，还以为这是对两位私奔者的致命一击，竟然不见效果。苏莱曼这样看麦夫鲁特："长年累月满含热泪写了情书以后，夜晚黑暗之中发现自己抢来的女孩不是心爱的漂亮姑娘，而是她的姐姐，却像麦夫鲁特那样一声不吭的人，又让我们如何理解？"

麦夫鲁特在婚姻中受过骗，也在叫卖酸奶和钵扎的时候被抢劫过，他后来改做卖鸡肉饭的生意，配备煤气罐的小车又被城管没收了。他不怨不忿，以隐忍和勤劳来获取他的真幸福。小说结尾处，麦夫鲁特搬进了伊斯坦布尔的高层新公寓，往昔违章搭建"一夜屋"的人都成了拆迁户，分享到了城市发展的红利。但是麦夫鲁特还是若有所失，每个晚上他仍然会挑着担子行走在看似不近人情的混凝土塔楼之间卖钵扎。一个城市的现代性可以和亲切的叫卖声并行不悖。

麦夫鲁特有点像辛格短篇小说《傻瓜吉姆佩尔》中的同名主人公，取"哀其不幸，怒其不争"的立场来同情和批评他完全无效。骗他的苏莱曼倒是能争善斗的，或许他在成长过程中吃过亏，变得心狠手辣，所谓的教训实际上变成了心灵的毒素。

土耳其共和国是在奥斯曼帝国的废墟上建立起来的，成立之初（1923），“国父”凯末尔就把淡化宗教影响作为现代化的关键环节。1928 年，凯末尔又推行文字改革，土耳其语改用拉丁字母书写。帕慕克在小说（第五章第十一节）中特意描写了一批年轻人跟随一位“先生阁下”练习传统书法，聆听他的教诲。作者显然以此暗指土耳其国内的一种新趋势。麦夫鲁特是温和的穆斯林，他敬重这位“先生阁下”，也想与他深谈，结果却对他“内心与口头的意愿必须一致”一说颇为失望。麦夫鲁特根据自己的经验发现，这种教条过于简单了，而且不计后果，无助于人们探讨复杂的伦理议题。对一些宗教狂热思潮和与之相伴随的过激行为，帕慕克是深不以为然的，但是在这部新作里他只是轻轻碰触了这个敏感话题。

帕慕克 2008 年 5 月下旬来华访问，最后一站就是上海。他非常喜欢这个兼容并包、呈现了文化多样性的城市，到达的第一天下午就非常兴奋，急着与一位作家朋友去外滩，仿佛是赶赴一个迟到的约会。他和麦夫鲁特一样，喜欢在街上行走，诚如小说最后一节的副题所说：“只有行走时，我才能思考。”

作者巴尔特

改革开放四十年以来，大量外国文学批评理论译介到我国，在诸多作者中间，罗兰·巴尔特是非常著名的一位。2016年上海人民出版社出了他的六册文集，很受学界欢迎，中国人民大学出版社十五册的巴尔特系列作品集也在今年出齐（包括他1974年来华访问的观感），基本上全面呈现了他的学术批评成就。二十多年前我参与过中国社会科学院外国文学研究所“二十世纪欧美文论丛书”的编辑工作，那是一项国家社科基金项目，它的出版大大丰富了我国学界的批评分析话语。今天我们还需要继续以开放的心态面对、阅读巴尔特以及域外文学批评与理论著作，逢“西”必反的姿态无非是缺乏自信的表征，丝毫无助于人类命运共同体的构建。

1976年3月，法兰西学院推选巴尔特为讲席教授，邀请他面对公众开设课程。翌年年初巴尔特发表就职演讲，随后拟定了“如何共同生活”等四个课程。那年的夏天，巴尔特是与母亲一起在法国西南部老家巴约讷的于尔特村度过的，但是10月25日母亲就逝世了，享年84岁。母亲的离世使他极为悲痛。巴尔特沉默了八个月，恢复了写作和演讲。1980年2月25日，巴尔特在法兰西学院近旁被一辆小型卡车撞伤，送医院抢救，一个月后不治身亡，65岁还未到。这些演讲的内容，有的（如《法兰西学院就职演讲》）已在巴尔特生前出了单行本，主要的演讲手稿一直到在2002年至2003年才整理出版，此时巴尔特已经成为二十世纪文学批评先贤祠里的一位伟人。这些文字已有中文译本，它们表现了巴尔特人生最后两年四个月的精神状态，而这段时期他的文学观和价值观发生了彻底的改变。黄晞耘这本书[①]所研究的，就是巴尔特学术生涯的天鹅绝唱。

巴尔特往往作为理论家出现在各种理论入门的教科书中，他的早期著作确实带有结构主义的基本特征。但是理论一般都假设一种完整性，暗中含有边界，巴尔特却是特立独行的，不会给自己的阅读经验和思考设限。正如美国女作家苏珊·桑塔格被人奉为后现代小说的鼻祖，但是她本人拒绝这一个光芒四射的标签，巴尔特坚称自己不属于理论家。不论是作家还是批评家，一旦被某一种理论所牵引，就会落入一个可以预测的套路，而他们总是希望自己能够不断踏上新的征途，在这过程中不断成长变化，因此他们的作品拥有着无限的可能性。

巴尔特法兰西学院演讲的基调是反理论的。他说："'理论'一词通常意味着一种连贯的话语，一种连贯的陈述，可以说属于古典哲学的模式。它是一种论说文类型的表述，包含着这种文体导致的所有思维和语汇局限。"挑战古典哲学的模式必然包含着对体系化思维的批判："很多时候，体系让我不舒服，是因为它太'自以为是'了，就是说它被灌注了一种过于强大、过于隐匿的集体性思想。在这种时候，这个体系所发现的东西就变成了陈词滥调。"巴尔特认为，体系是按照一套统一性规

① 黄晞耘著：《罗兰·巴尔特"法兰西学院课程"研究》，北京大学出版社，2018年。

则装配起来的，形式上的统一完备比具体的内容更重要；体系的完成也意味着真理性言说的完成，最终变成一种封闭、僵化的形式主义。巴尔特之所以能够不断给我们带来阅读的乐趣，就是他不断冲击、颠覆想象中构建起来的一套完美无缺的话语。曾经有人批评钱锺书先生，说他一生没有投入“系统性的建构”，实在是一大憾事。巴尔特对所谓“连贯性”和“一致性”的批判恰恰是对钱先生笔记式批评实践的最有力的维护。他在本书第四章“俳句”中指出，片段性写作所能享受的自由：“片段写作打破了我所说的那种铺陈的、长篇论说的形式，那种被建构起来旨在赋予表达内容以某种最终意义的话语类型。……相对于被建构起来的话语的铺陈形式，片段写作者是一个搅局者，一种不连贯的形式，它带来的是一种句子、意象、思想的粉碎化，它们中谁也不能最终‘成形’（prendre）”。

读了这部书稿，我印象尤深的是第三章“中性”。这大概是近年关注比较文化所致。我们经常假定，君子小人、是非善恶是截然对立的。不少成语也说明这种二元对立的思维无处不在，比如黑白分明，势不两立。要是说某某爱憎分明，疾恶如仇，那就是对某人莫大的褒奖。由这套语言所象征的道德世界里，真理是简单的，一切都在人妖之间，黑白之间。“新松恨不高千尺，恶竹应须斩万竿。”杜甫这两句诗设定“新松”和“恶竹”不能并存于同一个山坡上，他是以此来谈人事。其实世上没有绝对的好人坏人，历史上（或传说中）自比“香草”的所谓“忠贞贤良之士”与自己黏合得太紧，不能超越自己的视野来批判自己，从而更好地与同僚合作共事。

然而我们的传统历史书写规定了忠奸的二元绝对分野，读者长期受其影响而不自知。金克木先生曾指出，二元对立的思维模式深入我们的潜意识，极难清除，“只愿有一，不喜有二，好同恶异”是线性思维的结果。偏好线性思维的人心中只承认一条直线，即便知道线外还有点和线也置之不顾。“所谓天理、人欲，正派、邪说，左、右，前、后，说是两点，实际只是一点。从来不容两线平行，承认的是一个否定另一个，一实一虚，一真一假；有此无彼，非全宁无，所谓‘你死我活’是也。”而且这条线有方向：“一方为正号，是我。一方为负号，是反对我的，异己的。我是对的，所以对的都是我的。反我的是错的，所以错的都不是我的。……万马奔腾一条线，不承认线外有任何一点上可以有线和自己的线平行，决不左顾右盼。”① 历史上“党同伐异”的线性思维方式阻碍了论辩文写作和政治协商能力的发达。金先生希望他的读者培养一种与线性思维相反的平面思维习惯，即一个平面上可以存在方向不一的线条。巴尔特的“中性”一章就是对二元对立模式的否定。“中性”概念的内涵极为丰富，它是“消解范式、悬置傲慢和暴力的基本手段”，同时它又是一种颠覆性的激情。

本书第二章“个人节奏”探讨的巴尔特心目中理想的共同生活方式。绝对的自我封闭当然不可取，但是群体生活也有压制、泯灭个性的可能。在离群索居与斯巴达式的群居两个极端之间，还应该有一块允许个人自处的空间。巴尔特谈及欧洲早期历史

① 《文化卮言》，上海文艺出版社，1996年，第13页至14页。

上的不同隐修团体，强调的是这些根据自由原则自愿在一起共同生活的修士如何保持自主性和个人精神上的舒适，换句话说，如何在一个特定的群体中确保“个人节奏”。巴尔特以为基督教体制化的聚居修道模式导致了个人空间的消失，于是他将目光投向亚洲信奉佛教的地区，并在锡兰发现他欣赏的生活模式：十几位僧侣在寺院共同生活，每个僧人都有自己的房间，保持着“个人节奏”。巴尔特为了否定基督教会的统制型组织原则，会不会理想化锡兰佛教徒的修行方式？如果他能去锡兰佛院实地考察当然更好。佛教徒在当地是否享有特殊的地位和权利？[①]也许，提出这一问题是很不得体的。是不是得体，还得请教巴尔特。得体是人际交往的基本原则：“得体意味着：距离和尊重，人际关系中没有负担，然而又是积极热情的。得体的原则也许是：不操纵、不摆布别人。”既然尊重必须以“不操纵、不摆布别人”为前提，就必须克己，即明白自己不是真理的垄断者。诚如黄晞耘在书中所言：“尤其让巴尔特警惕的是，自认为真理在握的人，很可能凭借某种权利，强迫他人接受自己的独断论，排斥和压制多元性。”

正是在此基础上，巴尔特对于其他国家或地区的文化始终抱有一种理解、品味的热诚。他善于比较，善于发现其他文化的好处，尤为日本俳句所吸引。他在俳句中看到法国文化的盲点：“对季节（每日天气）的个体性关注……延续着农耕文明

① 汤用彤先生曾经谈过中国古代寺院的腐败，然而这些寺院当着信众的面还是会履行其职责。当今新建寺院地盘大，建筑多，财源广，而且很难被纪检部门监督。

对季节和天气的重视，那时的人们首先感受到的是季节的变化（因为那是他们的生存所系），而不是时间的绵延，他们能感受到季节的差异和轮回。”日本从我国引入二十四节气，而且根据日本气候特点增设“八十八夜”等杂节。巴尔特感动于俳句里的时间和植物，又借此作了一番文化反思，抱怨有的植物（如玫瑰）在欧洲已沦落为毫无新意的隐喻。我国文学中以植物为寄托也是常见的，“梅兰竹菊”就是典型的例子。很多花卉、树木变成诗人赞美自己的隐喻，自身反而失去了新鲜感。可惜专治中国古代文学的学者面对诸多自恋的表现时不能发出质疑的声音。[①] 巴尔特这段关于艺术乃自我表演的论述有着普遍的意义：

> 这种表现意图也许是人性最深刻、最根本的构成因素之一，它表明在普遍情况下，我们总是将自我的投射视为艺术行为的目的，而将艺术行为本身仅仅视为自我投射的手段而已。然而，这种自恋却使我们丧失了一些弥足珍贵的东西。首先是对当下的、直接的、物质性的、感性的在场的感受，这对于以感性为基本特征的艺术行为而言尤其珍贵。

---

① 福柯和巴尔特怀疑“作者”的概念（authorship，或译为作者身份），不承认一个人对作品的拥有权，也是对我国古代文学研究有借鉴意义的。欧洲一直到中世纪对“作者”是不太重视的，这与口传文学的传统息息相关。在口传文学中，人们对单一作者或个人对作品的拥有权不感兴趣，所以欧洲中世纪文学中没有作者。中国古代文学（尤其是楚辞）的研究也应该跳出单一作者观念的束缚，假如出于情感上的原因，预先设定一位未见于同时代历史记载的“屈原”，不免走入误区。

这段话是对人性的反思，也揭示了为什么巴尔特在写到宗教隐修模式时意趣盎然。

巴尔特在英语世界出名是在 1963 年。当时著名的《泰晤士报文学增刊》（TLS）邀请英美和欧陆批评家谈谈他们的信条，巴尔特也在受邀之列。1964 年，所有这些文章收入《批评的时刻》一书。巴尔特贡献了一篇《批评的语言》，该文后来又收入大卫·洛奇编辑的《二十世纪文学批评读本》（1972）。

由此我想起第一次遭遇巴尔特的经历。1983 年 10 月，我由教育部资助到剑桥留学。我的导师是克莱尔学院的院士古德尔（R. D. Gooder），第一次去他办公室，他就建议我听听本科老师如何进行辅导，特意推荐了该院的英国文学导师帕克尔先生（Fred Parker），后者还未完成博士论文，不过已经当选克莱尔学院院士（Fellow），同时又在英文系讲课。我随即去参加帕克先生的辅导课，他正带着两三位克莱尔学院英国文学专业的本科生读巴尔特《作者之死》的英文译文。我也拿起一份放在窗台上的文章的复印件，篇名让我一愣，不过还是静下心来与学生一起听讲。我丝毫不熟悉巴尔特的写作风格，在边上听着帕克尔先生的阅读与发挥，不大有感觉。晚上回到住处细读《作者之死》，有点被作者的说服力所震撼，同时隐隐有一点被激怒的感觉。我当时准备把剑桥批评家利维斯作为研究对象，利维斯向来以质疑甚至反对理论著称。我在一些理论读本的影响下误将巴尔特归入理论家的行列，不免有点抵触的情绪。1991 年我到社科院上班，不久就与《读书》编辑部有所接触。第二年元旦过后，我在那年《读书》杂志第一期上看到一篇很有新意的文章。作者王干先生将巴尔特学说中几个重要概念与对弈相结合，借以突出围棋的对话特点和开放性（即棋局内容包含的种种可能性）。我冒昧写了一篇回应文章，强调对弈时双方都在猜想对方的意图，意指作者未死。《巴尔特·围棋·阅读》一文很快刊发，后又收入《麻雀啁啾》。近三十年过去了，我倒是觉得在当时的语境下更有必要借巴尔特之力挑战一些想当然的固陋预设，以便读者在文学作品里的缝隙之间寻找乐趣，参与写作。好在当今作者的意图已与作品的意义无甚关系，作品阐释的多样性和开放性早就成为共识。

不过，巴尔特喜爱悖论，也在自己的文字中留下悖论。他意识到，"中性"想要避免并消解意义，但是它一旦成为范式的反题，那么它自身也可能将某种意义固化。这就是"中性"的悖论。"作者之死"的论断也暗含着悖论。要深得这本演讲集的三昧，读者必须进入巴尔特写作时的内心世界。他在讲普鲁斯特创作《追忆似水年华》背景时深为普鲁斯特的丧母之痛所打动，不免联想到自己母亲之死。他还在同一次讲座上表示，自己将写一部长篇小说，"讲述我所爱的人"。普鲁斯特当年写作的目的道出了巴尔特的心声："对于普鲁斯特来说，写作的用处在于拯救，在于战胜死亡；不是他本人的死亡，而是我们所爱之人的死亡。通过写作证明他们的存在，使他们永恒不朽，矗立于遗忘之外。"倘若巴尔特没有被一次交通事故击倒，顺利完成这部已开始构思的小说，读者能对来自作者刻骨之痛的写作动力忽略不计吗？我相信，黄晞耘这部著作势必会使读者更加留意到《明室》（1980）和法兰西学院系列讲座背后作者谦卑的身影和他那克制的爱。

人文学科的危机[①]

《泰晤士报文学增刊》2009年11月13日刊登了剑桥大学英文系教授斯蒂芬·科里尼的长篇文章《对人文学科的冲击》。副题十分醒目："研究者现在必须表明立场，不然将像推销员那样受评估、获奖赏。"

以往二十多年，英国高校的研究资助取决于一系列"研究评估"（Research Assessment Exercises，简称RAEs）。大学各系科一般每五年要提交研究汇报，内容大致分三方面：一是教员中每人发表作品的数目，二是关于"研究环境"的信息（如鼓励或支持研究的措施，包括提供给博士候选人的便利），三是"声望"上的证明，是指学界的认可。相关学科的专家小组评估这些材料，主要根据出版物的水平打出分数，得分高低决定资助的多寡。这种评估体系有其不如人意处，英国政府几年前就考虑进行改革，去年推出一种新的试行方案，称作"研究品质框架"（Research Excellence Framework，简称REF）。英格兰高等教育资助委员会颁发了试行条例，想听取各方意见。新的方案中最引人注目的就是"影响力"（impact），其权重高达四分之一。研究必须证明有益于经济和社会，因此"影响力"强调的是在学界以外、对"研究成果使用客户"（research users）的作用，

① 本文载《外国文学评论》2010年第一期。

不包括对其他学者的著作或教学“内容”的影响。大概是想促使学校发挥更大的主观能动性，积极走向社会和市场，影响力必须是有关系科自身“开发利用研究发现的努力”所致，假如外界偶然发现这一成果并加以利用，那么这功劳就不属于研究承担者的系科。影响因子共有37种。其中5条归在“丰富文化”的名下。比如提高公众参与科学与研究的程度、改变公众对科学的态度、“新产品或程序的商业开发”、创造新产业或商机、从跨国公司获取研发投资、有助于政策制定、改善公共服务、改善社会福利、增强社会凝聚力或国家安全。还特别提及有些领域的研究间接启发“与市场较近”的专业，对社会和经济产生影响。

大致可以说，这些条例将人文学科与科技、医学和社会科学一视同仁，采用同样的实用评价标准。科里尼认为这将造成灾难性后果。他举例说，一位研究维多利亚时期某诗人的著作，考证翔实，论述周到，分析细腻，同行在书评上给予很高评价。但是该著作对学界、思想界的作用可以完全不计，其影响力就等于零。如果作者和他所属机构主动联系市场，将书中所谓“发现”（findings）制成电台、电视节目推向社会，那就不一样了。这种政策上的倾斜将使研究者走上一条庸俗的路：他会投人所好，比如特别关注研究对象的“性倾向”等得到市场青睐的话题。

总之，大学研究者要放下身段，致力于开发市场，哪怕沿街叫卖。科里尼还举了一些例子说明这份纲要的荒唐。营销意识成为研究成果优劣的决定因素。很多活动都是需要花钱的，研究自然也不例外。但是要说某一研究还具有导致其他人花钱的功效，那么这研究必然出色而且更有存在的理由。艺术是有价值的人类的活动，要显示它如何衍生出数百万镑的经济效益并不能使之成为更有价值的人类活动。而且，英国人文学者将不得不把宝贵的时间和精力用于沿街叫卖自己的“产品”，推销员的角色也许扮得不错，但是学术将受到无可挽救的伤害。

科里尼承认，也有同事想妥协。他们担心，如果一定要将人文学科与其他学科分别开来，不接受影响力评估，那将是公共关系上的灾难。结果是人文学科将继续被低估，资金将进一步削减。政府也有难处，大家还不如与“制度”合作。科里尼指出，诸如此类的措施没有引起一片反对之声，主要是在过去三十年里，“客户满意度”和“市场力量”等经济主义的官话（economistic officialese）大为流行，英国学者的感受力已经大大迟钝。我们必须在公共空间的讨论中，使用一种更恰当的语言来评价人文学术，“以防这些官气十足的抽象词汇殖民我们的心智”。当然，学者有必要向公众介绍解释他们所从事的工作，政府建议专家与社会对话也没错。但是人文学科的性质还是有所不同。他们的著述作用于一大批人的思想、感情乃至生命，这种影响缓慢持久，而且也更加间接、微妙，绝不是台球桌上一球撞向一球所能比拟。

科里尼是剑桥大学的英国文学与思想史教授，著有《自由主义和社会学》《马修·阿诺德：批评画像》和《普通阅读》等著作。上海科学技术出版社 2003 年版的查·帕·斯诺的《两种文化》的长序就是他写的。从这篇文章可见，两种文化之争还在以新的方式继续延续着。科里尼说，必须阻止这些蠢话成为公共领域讨论人文学科的唯一用语。“人文学科打交道的是最丰富、最多样的人类活动的记录，加深我们对那种活动的某个方面的理解是人类好奇心的有目的的表现，只要这表现在这特定的语境下有意思，那么它本身就是目的。”

英国的教师工会组织大学和学院联合会（UCU）号召广大会员抵制政府的“框架”，征集了一万七千多个签名，显然支持科里尼的人员中也不乏人文学科以外的研究者。2010 年 1 月 6 日的《泰晤士报文学增刊》又登出著名作家加百列·约西普维奇来信，讲到萨塞克斯大学副校长的一个电子邮件。那位副校长表示，为了“可持续地发展”，该校准备缩小一些学科的规模，人文专业首当其冲。大学究竟有什么功能？

从天朝上国到主权平等

——略说郭嵩焘使英的意义

1793年夏，乾隆在避暑山庄接见名义上前来“祝寿”的英国使臣马戛尔尼，赏赐使团各成员大量物品，但是拒绝了对方的通商请求。清廷自以为“天朝”统驭万国，抚育四夷，不必与“僻居荒远”的英吉利国互通有无：“天朝物产丰富，无所不有，原不藉外夷货物以通有无。”[1] 中方将乾隆回复英国国王的信件称作“敕书”，即皇帝颁给朝臣的诏书，可见当时还完全没有主权平等的观念。这种妄自尊大的心态在鸦片战争中受到严重打击，不过那套语言并未随着挨打的经历消失。《南京条约》于1842年夏在停泊于下关江面的英舰上签订，可是对中国人而言，条约是一份秘密文件。“中国近代史上的涉外条约签订后，国内的民众乃至绝大多数官员并不知晓具体内容。比如鸦片战争之后，清政府并未公布南京条约，一直到光绪元年，才通过不同渠道让国民知晓条约内容。”[2]

同治戊辰年（1868），《瀛寰志略》（1848）作者、首任

---

① 转引自斯当东《英使谒见乾隆纪实》，叶笃义译，三联书店（香港），1994年，第497页。

② 详见李育民《论清政府信守条约的方针及其变化》，载《近代史研究》，2004年第二期。

总管同文馆事务大臣徐继畬在给斌椿的《乘槎笔记》作序时，依然说：“我圣朝德威远播，泰西各国皆喁喁慕义，通使币于天家。”[①] 将中国政府或清廷称作“天家”，“泰西各国”来做生意，地位是要低一等的。

笔者家中有一本薄薄的小册子，是上海“申报馆印”的《中东和约》，长 17 厘米，宽 11 厘米，系光绪元年孟冬（1875 年 11 月）的仿活字版。这本书的主要内容为同治十年（1871）七月二十七日中国和日本签署的修好条规（简称“中东和约”）以及两国通商章程三十三款和日本当时的海关税则，《中英南京旧约》和《行船章程》作为附件出现在这本书中。《中东和约》书前有一篇序言，作者为清末民初上海著名报人蔡尔康（1851-1921，字紫黼，别署缕馨仙史、铸铁庵主等）。蔡尔康是江苏嘉定人，1868 年的秀才，光绪初年在《申报》馆工作，后进《字林沪报》《新闻报》任主笔。在同光年间，这位报人称得上是见多识广的了。序言的文字写于光绪元年(1875),值得全部录下：

> 在昔成周之世，封建诸侯凡一千八百国。其誓词曰：使河如带，泰山若砺；国以永存，爰及苗裔。[②] 镂金枝，镌玉版，载诸盟府，昭示来兹。东迁而降，五霸迭兴，狎主齐盟，殆无虚日。读《春秋》一书，要约繁赜，可考而知也。厥后汉之匈奴，唐之吐蕃、回纥，宋之女真，明之也先，

① 《走向世界丛书·斌椿：乘槎笔记·诗二种》，岳麓书社，1985 年，第 85 页。

② 《史记·高祖功臣侯者年表》：“封爵之誓曰：‘使河如带，泰山若砺，国以永宁，爰及苗裔。’”

亦且岁时修好，遣使同盟。古所谓守在四彝者非欤？[1] 迨我圣朝，抚有函夏，韦韛毳幕之邦，敂关麕至，称臣纳贡，亘古为昭。亦越宣宗成皇帝，民胞物与，一视同仁，许海外诸国，言归于好。于是四洲之众，咸得入中国而通有无，互市之风盛矣，然尤虑其久而渝也。简命重臣，偕各国之轺车奉使者，重之以盟誓，申之以条例。其文寿诸梨枣，布诸寰区，并明定章程，阅十年而一易，使天下人士胥晓然于遐迩，一体中外，禔福之休[2]，猗欤盛哉！顾其书学士大夫犹能道之，而试问懋迁有无化居之人与夫草野编氓或有不尽识者。[3] 尊闻阁主以为民情之隔阂，非所以昭同轨也，载书之阻阏非所以示信守也。于是有《中英和约》之刻并附之以通商税则，一时风行海内，几与不胫而走，不翼而飞。然人之见之者，犹嫌道光之《南京旧约》未获周知，不能识风会之递迁也。况自我穆宗毅皇帝御宇之十年，复允日本国通商之请，其册书所载，与泰西诸国未免有不能一律求同者，如不重付麻沙，广为传布，将民之洞然于皇仁之西被者，或忘圣德之东渐乎？爰倩手民，详为校印其《南京旧约》，并附简末，而行船章程亦附列焉。刻既竟，问序于余。余维我朝柔远之谟，无微不至，而遐陬僻壤，

---

① 《左传·文公十八年》：“流四凶族，浑敦、穷奇、梼杌、饕餮，投诸四裔，以御螭魅。”

② 《汉书·司马相如传》：“遐迩一体，中外禔福，不亦康乎？”

③ 《尚书·益稷》：“懋迁有无，化居。”“懋迁有无”：“懋”通“贸”，买卖货物，互通有无。“化居”：居货为贾。“化”即古文“货”字，

> 或有因言语不通，嗜欲不同而疑忌之心有未除者。呜呼！日本虽小岛，其励精图治，崇尚西法，亦足以雄视东瀛。圣天子大度包涵，原属无分畛域，凡在含生负气之伦，安敢不仰体朝廷德泽之隆，而耦俱无猜也哉！诚使和约一书家喻户晓，则中东之好与日月常新焉可也。至于通商税则，其往日本海关者备录于后，若来中国海关者，则与泰西诸国罔有偏倚，不重录焉。至若行船章程，则尤今日之急需者也。盖自各口通商洋面往来双轮如织，偶一不慎，倾覆随之。况比年来各省制造局沪上招商局所制轮舶，无虑数十百艘，倘舟师等驾驭无方，设遇颠危，其何以济？而且中国商船质脆力弱，与轮船遇，如以石投卵，鲜不樯倾楫摧，趋避之术，又安可不讲乎？然则是书也，不特为通商之科律，抑且为航海之津梁已。时光绪纪元岁在乙亥冬十月，缕馨仙史序于海上之铸铁瓮。

“缕馨仙史”无意识地暴露了很多“天朝上国”的幼稚想象。这种不自觉的华夏优越感甚至在今日还有所反映，比如2019年1月10日的《文汇报》第十版的《世界著名博物馆“镇馆之宝”是如何诞生的？》一文中有这么一句：“大英博物馆收藏有在中国被称为‘画圣’的东晋顾恺之的《女史箴图》，中国人可能会认为这是大英博物馆的镇馆之宝——它若在中国任何一家博物馆中都会成为镇馆之宝，可大英博物馆的专家以及英国人未必认同。”如果大英博物馆的专业人士读到这一高论，岂不大吃一惊！中国博物馆一般都致力于致敬自己的文化传统，并无搜罗世界各国文物的志向。

日本于1854年结束锁国政策，进步神速。[1] 明治维新始于1868年，国家有蒸蒸日上之势。到了光绪元年，中国已经远远落后于东邻，而蔡尔康的序言竟还一次次显露出居高临下的口吻，可见乾隆朝那套愚妄的话语过了大半个世纪还在支配着活人的头脑。

第一位睁眼看世界的中国人究竟是谁，或许是一个容易引起争议的话题。中国要从"天朝上国"的梦中醒过来，绝不是一朝一夕的功夫。魏源的《海国图志》最初于道光二十二年(1842)出版（后又有所增扩），使中国传统读书人对各国概况有了粗略的印象，令人遗憾的是书中大量地图皆粗劣之作，中国缺少科学测绘的基本常识，又得到见证。作者在思想上还是极端排外的："欧罗巴人天文推算之密，工匠制作之巧，实逾前古。其议论夸诈迂怪，亦为异端之尤。国朝节取其技能，而禁传其学术，具存深意。"[2] 魏源歧视沟通中外的传教士，甚至有问罪徐光启之意："（汤）若望藉历法以藏身金门，而棋布邪教之党羽于大清十三省要害之地，其意欲何为乎？明纲之所以不纽者，由废祖宗之法，弛通海泄漏之律。徐光启以历法荐利玛窦等于朝，以数万里不朝贡之人，来而弗讯其所从来，去而弗究其所从去，行不监押之，止不关防之，十三直省之山川形势、

① 冯天瑜《"千岁丸"上海行》（商务印书馆，2001年）一书揭示了1862年中日之间的差距。

② 《海国图志》，陈华、常绍温、黄庆云、张廷茂、陈文源点校注释，岳麓书社，1998年，第838页。

兵马钱粮，靡不收归图籍而弗之禁。古今有此玩待外国人之政否？大清因明之待西洋如此，习以为常，不察伏戎于莽，万一窃发，百余年后将有知予言之不得已者。”[①]晚清译介事业发达，人文社科书籍的引进加速了中国的文化更新，魏源地下有知，势必要痛心疾首了。

郭嵩焘（1818—1891）也是湘人，《海国图志》开了他的眼界。他的《书〈海国图志〉后》一文已认识到欧洲人海洋事业发达，得益于地理知识以及战略上的远谋：“及观泰西人论中国船步：辽河小孤山为最，镇海次之，福山又次之，以为水深无礁石，又四山环合，不受风涛之险。及论旅顺口：渤海数千里门户，中间通舟仅及数十里，两艘扼之，可以断其出入之路。泰西人构患天津，必先守旅顺口。此中国形势之显见者，泰西人知之，中国顾反不知，抑又何也？”[②]郭嵩焘光绪五年（1879）回国后从长江坐江轮回湖南，长江航图购自英国。[③]相比而言，中国的农耕文化阻碍了海权意识的发育。不过我想强调的是郭嵩焘有远胜魏源之处——他不是所谓“祖宗之法”的热诚卫士。

郭嵩焘早年游学岳麓书院，曾为书院作传，与曾国藩交往颇多。光绪元年授福建按察使，未到任，在总理衙门上行走。1876年（光绪二年）9月13日，英国公使威妥玛与北洋大臣李

---

① 《海国图志》，第827页。

② 《郭嵩焘诗文集》，杨坚点校，岳麓书社，1984年，第95页。“船步”即船埠。笔者所藏此书系岳麓书社编审杨坚先生（1923—2010）于2004年11月24日惠赐。谨以此注纪念杨先生。

③ 郭嵩焘《伦敦与巴黎日记》，岳麓书社，1984年，第987页。

鸿章在烟台签署条约（也称《滇案条约》或《芝罘条约》），其中一款规定清政府派钦差大臣前往英国就马嘉理案表示“惋惜”。马嘉理系英国驻北京使馆职员，光绪元年（1875）二月由缅甸进入云南，在腾冲地区被杀。对一般的晚清官员而言，在这样的环境下出使英国，有亏名节。这一使命，落到了向以开明闻名的郭嵩焘头上。郭嵩焘当年晚秋（九月二十五日）出京，十月十七日从上海搭英国海轮启程。轮船在香港稍做停留前，行经汕头时有大铁甲船尾追而至，两船致礼，仪式颇为繁复，郭嵩焘心中惊讶，在日记上写道：“彬彬焉见礼之行焉。中国之不能及远矣。”[1]

郭嵩焘经南海过新加坡、锡兰，再通过新开的苏伊士运河进地中海，在战略要地马耳他登岸访问，十二月初三抵达直布罗陀，参观要塞，到达目的地英国南安普顿后即坐火车至伦敦，出站坐马车至波特兰街54号寓所（此地至今还是中国大使馆）。这是在十二月初八，阳历1877年1月21日，中国首任驻英公使郭嵩焘揭开了中国外交史至为重要的一页。1878年他又兼驻法公使，次年（光绪五年）正月辞归，由曾纪泽接任。[2]向外派驻使节是主权平等观念在外交上的直接体现，故而郭嵩焘出国的意义在中国历史上是划时代性的。《使西纪程》就是他驻外期间的见闻录。

郭嵩焘在光绪二年（1876）二月的日记里就批评京师士大

① 《伦敦与巴黎日记》，第28页至29页。

② 曾纪泽使外期间经常龟缩在使馆里下棋消磨时间，有负使命。见曾纪泽《出使英法俄日记》，岳麓书社，1985年。

夫意气用事，不愿“知洋情”：“但以诟毁洋人为快，一切不复求知，此洋祸所以日深，士大夫之心思智虑所以日趋于浮嚣，而终归于无用也。”[①] 二月九日，慈禧首次召见郭嵩焘，又问及滇案，郭嵩焘的回答在当时是很少见的：“据臣愚见，洋患已成，无从屏绝。惟其意在通商为利而已，亦望中国富强，而后利源可以不匮，无致害中国之心。”这说明他对英国重商主义的初衷是深刻了解的。这年夏天，赫德又劝中国政府尽快遣使赴英，七月十九日慈禧再度召见郭嵩焘，命出使英国：“此时万不可辞。国家艰难，须是一力任之。我原知汝平昔公忠体国。此事实亦无人任得，汝须为国家任此艰苦。”她又说：“这出洋本是极苦差事，却是别人都不能任。况是已前派定，此时若换别人，又恐招出洋人多少议论。”八月十九日，郭嵩焘与副使刘锡鸿（云生）同诣英国驻华公使威妥玛，对方催逼甚紧。九月十五日，慈禧第三次召见，嘱咐“到英国一切当详悉考究”。[②] 国内不愿“知洋情”的势力往往拒绝妥协，当局也感到巨大的压力。

传统中国士大夫好作壮语，不审时势，一味强硬，把国家拖向崩溃的边缘而不自知，而史籍上却赢得一席忠臣的地位。郭嵩焘对这些好名之徒是不以为然的。光绪二年（1876）十一月十三日，他在船上写道：“南宋以来，边患日深。而言边事者峭急褊迫，至无以自容。不独汉唐以上规模不一讨论，直举国势之强弱、事机之得失，皆无足关其意。惟一意矜张，以攘

① 《伦敦与巴黎日记》，第1页。

② 关于慈禧的三次召见，《伦敦与巴黎日记》有详细记载。

夷狄为义，而置君父于不顾；必使覆国亡家，以自快其议论而为名高。数百年竟无有能省悟者，则宋儒之乐持虚论而不务求实际，有以阶之厉也。铲除此等议论，而后人心风俗可几于古。其去道理固远矣。所谓道理无他，以之处己，以之处人，行焉而宜，施焉而当，推而放之而心理得，举而措之而天下安。未有若南宋以来之议论，蠲弃天下国家而取快纷纷之口，若是之烈者也。宋之所以弱，明之所以亡，诸君子贸焉无所得于其心，乌足与言道理哉！”[①] 现在微信上的情绪激烈的“小编”不妨读读这段议论。

郭嵩焘到了伦敦之后，履行公职之余积极了解英国社会生活的方方面面，对各种科学发明兴趣浓厚，详细了解，尽力描述，精神上丝毫未曾流露出花甲之年的老态。他是“知己知彼”的实践者，日记中不屑于隐瞒观点，回避政治上的敏感话题。他赴英途中路过新加坡时就遣人从岸上购得《泰晤士报》（他写作“《戴模斯》”），在翻译帮助下认真了解报上内容。到英国之后，他对英国的舆情与新闻出版业尤其关注，还亲往《泰晤士报》参观。他如此描述报业的社会影响：“西洋一切情事，皆著之新报。议论得失，互相驳辩，皆资新报传布。执政亦稍据其所言之得失以资考证，而行止一由所隶衙门处分，不以人言为进退也。所行或有违忤，议院群起攻之，则亦无以自立，故无敢有恣意妄为者。当事任其成败，而议论是非则一付之公论。”[②] 英国言论自由的传统造就了大批具备独立思考能力的读

① 《伦敦与巴黎日记》，第 57 页至 58 页。

② 《伦敦与巴黎日记》，第 401 页至 402 页。

者，使之成为整个社会一笔巨大的无形财富。没有宽松的审查制度，社会主义思潮和公开挑战私有制的马克思主义无从产生，英国社会自我改良和更新的能力也大受限制。不能忘记，郭嵩焘使英期间，马克思、恩格斯也生活在伦敦。

翻开《伦敦与巴黎日记》，值得引用的段落实在太多。我深以为郭嵩焘睁眼看世界的恳切之心远超魏源那一辈士人，他当年留下来的文字至今读来仍有强劲的生命力，有时甚至让人不安。此文写到最后，还有必要提一提当时使英副使刘锡鸿。郭嵩焘与刘锡鸿势同冰炭，也许是本国传统文人不善合作的积习使然。刘锡鸿的《英轺私记》也极赞英国政俗之美，这说明光绪初年的中国外交官到了海外，短短几个月的耳闻目击就驱散了“天朝上国”的话语迷雾（蔡尔康的《中东和约序言》堪称典型），立即承认英国绝非以往的匈奴、回纥可比。为公平起见，我再做一次文抄公。刘锡鸿将英国社会的上下协和归功于议会政治：“城乡镇埠，各举议院绅一、二人，随时以民情达诸官。远商于外者，于伦敦立总商会，亦以议院绅主之，为上下枢纽。民之所欲，官或不以为便，则据事理相诘驳，必至众情胥洽，然后见诸施行。是谓无隔阂之情。”至于英国的国家治理，则无不体现仁政：“制治最恕，无殊死刑，亦不事鞭扑。犯罪者辄监禁，而仍优养之。牛马之类，且戒箠楚。孤穷废疾与异方难民，皆处以养济院，国君时遣人查验其寝食。每数里即有广厦，为病人调摄之所，亦由国君派太医临视之。凡构兵，惟阵前相杀死者勿问，戮俘囚、伤百姓并严禁。是谓无残暴不仁之政。”[1] 善待动物（“牛马之类，且戒箠楚”）与善待弱势群体是相通的，英国近二百年前（1824）就创设慈善机构皇家防止虐待动物协会（简称 RSPCA），类似的组织，最近几年才在我国零散出现。进步和成就，不可否认，同样不可否认的是全方位的现代化依然面临种种严峻的挑战。在改革开放四十周年之际，希望有更多的读者关注“走向世界”丛书。对我个人而言，重读所造成的冲击，不亚于二十世纪八十年代。

① 《英轺私记》，岳麓书社，1984 年，第 53 页至 54 页。

“种子已经播下”①

如果我可以把这次三天的会议比成一场大戏的话，那么高潮就是刚才白先生的讲话。白先生为这场大戏做出最精彩的演讲，让我们向他表示由衷的敬意和感谢。我现在讲的是修辞学上所说的“突降”，用于戏剧的平和收场未尝不可。如果我仅仅作为文学所管理部门代表做总结，不免枯燥乏味，我更愿意作为白先勇作品的读者和观赏者、这次会议的参加者来谈一些个人的感受。

白先生在讲话中多次用了“种子”这个词，使我深深触动。我想白先生是一个通过文学和艺术的实践播撒文化种子的人。不论他在大陆、台湾还是香港，他对年轻一代都寄予了最大的希望。

我们会议的主要议题都与历史以及文化遗产的继承发扬相关。白先生的写作经常涉及历史，大陆“文化大革命”期间，他身处台湾，后来到美国，有一些当时的大陆人难以体会的历史反思，比如他的短篇《冬夜》提出应该如何评价“五四”新文化运动的问题。今天我们可以从白先生本人的讲话中得到印证：他对文化上的过激主义是不敢苟同的。《冬夜》里的旅美

① “白先勇的文学与文化实践暨两岸艺文合作学术研讨会”于2011年11月9日至11日在北京香山饭店举行，本文是11日下午在闭幕式上的讲话。

教授吴柱国回到台北，见到他往年的同事同学，谈他在美国的经历，包括有些让他感到尴尬的经历。在一次研讨会上，一位年轻的美国学者做了一个演讲，题目是“五四”运动的重新评价。“这批狂热的中国知识青年，在一阵反传统、打倒偶像的运动中，将在中国实行了两千多年的孔制彻底推翻。这些青年，昧于中国国情……造成了中国思想界空前的大混乱。但是这批在父权中心社会成长的青年，既没有独立的思想体系，又没有坚定的意志力，当孔制传统一旦崩溃，他们顿时便失去了精神的依赖，于是彷徨、迷失，如同一群弑父的逆子……”吴柱国教授作为新文化运动的参与者，听了美国年轻学者的讲话后沉默无语，悄悄离开会场。我想，白先生没有详细交代吴教授的心理活动，但是给读者留下了很多思考的空间，很多回味，可能还是苦涩的。《冬夜》创作于六十年代后期，当时大陆上“文化大革命”正在进行之中。相隔差不多半个世纪的两场运动是否有着某种关联？

白先生说过，在台湾，民国史曾经有点犯忌，大家不愿多谈。其实两岸史学界在这一领域已做了不少出色的研究。有些问题的讨论还可以深入，例如新文化运动期间某些全盘否定中国文化的偏激倾向（白先生今天称之为“文化自残”）。在二十世纪二三十年代，也出现过所谓的中国文化的复兴。胡适先生还在1933年专门到美国演讲，题目就是中国的文艺复兴（renaissance）。但是他那个所谓的复兴也留下了遗憾。我相信白先生说的二十一世纪的中国人要发扬光大“大汉天声”，现在是与过去接续的，那将是真正的继往开来的文化复兴。

在座的诸位不管回到研究机构还是学校、公司，都肩负着中华文化复兴的历史责任。我们都要接过白先生手里的接力棒，奋力向前，把文化种子撒播到各个地方，乃至全世界。昆曲的种子，已在北京大学、苏州大学以及其他一些大学播下，它们将在年青一代中开花结果。近二三十年，很多中国孩子拼命学钢琴、小提琴，这个学习大军的人数是巨大的，而且中间也出现了像郎朗那样异常优秀的人物。但是在我们自己的文化艺术领域，在包括昆曲在内的各个剧种，我们也要有这样的天才。在目前来看，我们还没有理由感到乐观。

白先生刚才说到，希望在 2019 年，也就是“五四”百年的时候，大家会看到一些新气象。这个话背后既有莫大的希望，但是也略有反讽的意味。我们曾经走过这么漫长的道路，有曲折，有重复，在有的路段上我们甚至自残，用力过猛。如何恰当评价所有这一切，这篇大文章还没有好好做出来。《新青年》诸位英雄除了反孔，还一律反对中国旧戏，他们觉得京戏和各种地方戏曲没有任何可取之处。但是也有少数人在那个时候敢于发出独立的声音。北大法学专业四年级有一位学生叫张厚载，他说中国传统戏剧有很多好处，比如说“指而可识”，非常简单，即便是“八十万大军”，也只要用象征的手法就可以表现，这在西洋戏剧上做起来就很难。这样的观点使得几位老师很不高兴，张厚载竟在临近毕业的时候被开除了。那样的声音在 1919 年的北京大学比较孤立，但是我相信现在一定会赢得很多的掌声。

要复兴中国文化，并不是说只在中国本土的传统文化中发掘。“五四”先贤开放的态度、比较的眼光也很重要。白先生和当年台大外文系出身的作家非常善于借鉴、比较，但并不是引经据典，或者是让读者时刻意识到他们在学国外某位大师。白先生把英语文学中学到的东西巧妙地用于自己的创作，几乎不留痕迹，这种“化”的本领是最不容易的。《玉卿嫂》的叙述大致取儿童视角，这在中国传统文学里面是不多见的，但是白先生能用儿童视角讲出成人世界的复杂故事来。视角的运用也许是十九世纪后半叶开始的西方现代派创作的特点。美国旅英作家亨利·詹姆斯笔下的小女孩子梅西（《梅西所知道的》）看到的成人世界让她困惑,那里有性爱,有堕落,有欺骗,有背叛,但是梅西就是在默默地观察中慢慢走出了自己的童年，这也是她的成人仪式。《玉卿嫂》完全是中国场景下的中国故事，但是与世界文学有呼应。更微妙的是，白先生并不是简单地把道德伦理概念贴到人物脸上去，他拒绝“好人”“坏人”那类幼稚的语言，而是让我们进入儿童叙述者、玉卿嫂和庆生的内心世界，对当事人产生深深的同情的理解。我们理解为什么玉卿嫂抓住庆生不放如同抓住生命一般，理解她面临真相时的绝望；我们也理解为什么庆生想离开玉卿嫂，渴望独立于她的情感生活。背后我们会看到作者非常复杂的心灵的东西，白先生呈现了人性的脆弱、温软。

大陆跟台湾的文学发展脉络有所不同，对大陆作家来说，阅读台湾文学往往有意料不到的收获。我们虽然使用共同的语言，但是历史文化的参照体系不大一样。白先生作品里面有一点非常重要的，我在开幕式上也说到，白先生对话写得很好，而对话是中国古典小说的精华。乾隆年间的社会中某些阶层有说话的艺术，那是高度文明的体现。没有社会的滋养，曹雪芹也写不出来一系列因自己的言语而获致丰满的人物。文学是滋养人的，但是它也需要社会的滋养，如果一个社会不需要细腻多变的交往的艺术，那么它的文学中对话的艺术就无由产生。我们首先要有这样一个社会，这个社会里面这样的人，他有着这样的对话艺术，对话的艺术所体现出来的背后人的复杂和温情，把它变成一个滋养，要写出不输于《红楼梦》这样的作品，还是要花大力气培植我们的社会。大陆的作家，尽管得到国际上的认可，还是要花大功夫，吸取更多的社会营养。

这次会议的一个特点是有很多史学家参与。二十世纪英国著名史学家 G.H・普勒姆写过一本叫《过去的死亡》（*The Death of the Past*）的书，很好，可惜还没有翻译出来（2004 年新版由当今两位大史学家夏马和弗格森作序）。普勒姆说，中国有很多的历史，但是并没有史学（historiography）。这句话说得不一定对，如能促进我们的自知，那也很好。也许中国史学比较偏重正史，而正史的视角只有一个，是排他的。史学家必须有从不同的角度来看一个人、一次事件的本领，然后才能写出经得起推敲的历史来。白先生写他的父亲，实际上是要给“标准的”（不管是大陆的还是台湾的）正史提供另外一个版本，这是很重要的。丰富的史学所产生的必要条件，就是要有不同的正史之外的声音。而这一点，即使在国际史学界也得到很大的认同。现在史学家特别重视传记写作，夏马写法国大革命，就通过一个个具体人物来写。而且史学家也告诉大家，有很多历史并不像大家所想象的那样确定，于是他们也会用小说家笔法写一个人的故事，而且取不同的视角。我们读下来会发现，原来以为非常确定的事情，换一个视角看可能就跟原来的印象不一样。我们每个人都可以意识到历史的多种可能性，这样我们对民国历史，包括北伐之前北洋政府的历史和晚清的历史，会产生一种温情的理解。

温情的理解会使“大汉天声”顺畅响亮。一个民族内部有很多互相不共戴天的派别，就发不出自己洪亮悠扬的“大汉天声”。有时候读民国历史，经常会生出很多的遗憾。我们看到这家说歼敌多少多少，叙述者心里毫无痛感，仿佛死伤的士兵只是数字，不会出血。“歼敌两万”就好像消灭了老鼠和蟑螂一样。其实大家都是兄弟。因为美国内战的文学，美国南北战争文学可以给我们很多有益的启示。士兵（不论是北军或者还是南军）拿着枪，对准对方的士兵，眼睛就模糊了，扳机都扣不下去，即将被子弹击中的人，可能就是自己的亲戚朋友。因为他们还有“美国人”的观念，国家和民族大局的观念，但是我们这种观念相对比较少。所以我们也希望通过白先生回忆白崇禧将军这样的著作，让我们对过去的历史有宏观的认识，允许不同的可能性存在。梁启超1919年去访问英国的时候，他在伦敦议会大厦和西敏寺看到克伦威尔的塑像，也看到查理一世和查理二世的塑像，这些人物代表了不同的立场和利益，但是英国人一起纪念他们。梁启超突然有所感悟，他说，英国人有一个国家的观念在，人们知道自己国家的历史是这样演变过来的，不同的人在特定的时期对历史做出了不同的贡献，都值得后人纪念。而不是一个简单的朝代，因为朝代往往会排斥异己。一个学会抚平历史创伤的民族才会真正强大。

非常抱歉，我们这次还有很多工作做得不尽如人意的地方，但是要感谢参与组织和准备会议的诸位先生和女士，尤其是陈怡蓁女士给我们极大的帮助，还有很多从香港、台湾赶来的与会者，大家一路辛劳。但是我们这个会议的模范参与者非白先勇先生莫属。说到这里，我又要套用叶朗先生的话来说，真是有点“欲罢不能”。我相信所有的与会者都有“欲罢不能”的感觉。我还想对白先生的作品有一个呼应。北京的冬天已经到来，初冬气温很低，今晚气温最低大概零下三四度。但是在香山饭店，在我们的讨论会上，你如果进来一看，就会发现会场里“春色如许”。相信散会以后，与会者会带着身上的春天的温暖，在北京初冬的天气里，把两岸文化合作的种子播撒在香山。宴席总是要散的，今天很不幸，就要结束了，但是我也相信白先生走到哪里，套用海明威的话来说，他就是一个流动的宴席，他到了哪里就是流动的宴席。谢谢大家。

“过去的现在性”

——读钱锺书先生“少作”[1]

钱锺书先生1929年进清华，1935年赴英留学，在这6年间，他在报纸杂志上发表过不少文章，浙江文艺出版社的《钱锺书散文》（1997）收有钱先生这段时期撰写的22篇书评和论说文。钱先生本人对自己的“少作”评价不高，他听闻有人如何一心搜集他的早期著作，在致黄裳先生的信上提及后写道：“弟老而无成，壮已多悔，于贾宝玉所谓‘小时候干的营生’，讳莫如深。”[2]笔者以为钱先生是过谦了，甚至有点做作。他作于1929年至1935年的文章几乎都称得上佳构妙作，它们所显示的学术眼光、叙述技巧和文字功力，是今天的博士、教授难以企及的。这倒为钱先生对进化论的保留意见提供了依据：后来未必居上。这些“少作”中不少内容笔者没有资格置评，本文只拟撮要介绍其中一小部分。

说到二十世纪英国的女性批评家，人们总以为弗吉尼亚·伍尔芙首屈一指。但有人恐怕会说，奎妮·多萝西·利维斯（Q.D.Leavis）的实际贡献不在伍尔芙之下。这位利维斯夫人的博士论文《小说与读者》（1932年出版，部分已由冯亦代先生

---

① 本文载2001年1月24日《中华读书报》。

② 《钱锺书散文》，第416页。

译出）研究了英国通俗小说的衍生和大众阅读趣味的形成，是文学社会学的开山之作。作者认为，在资本主义大规模生产的时代，读者大众的情感是一部运作完美的商业机器开发、利用、剥削的对象。钱先生在《中国文学小史序论》（1933）一文中提出，文学标准不同于政治选举，不能简单地取决于多数，读者的多寡不能决定作品的优劣。接着他提到利维斯夫人的这部著作，并评道：“虽颇嫌拘偏不广，而材料富，识力锐，开辟一新领域，不仅为谈艺者之所必读，亦资一切究心现代文化者之参照焉。”[①]在同年11月发表的《论俗气》，一文中钱先生又介绍了“利馥丝”（即利维斯夫人）这部书中“高眉（highbrow）平眉（middlebrow）低眉（lowbrow）的分别”。[②]他进而把“俗”与“通俗”相联系，通俗的东西数量多，价值贱，可以感动大多数人。钱先生发挥道，这“大多数人是卡莱尔说的‘不要崇拜大多数’的‘大多数’，是易卜生所谓‘大多数永远是错误的’的‘大多数’”。对“俗”和“通俗”的批评也是对大众文明的批评，例如托·斯·艾略特在三十年代也说过“严肃的作家只拥有有限的甚至是偏狭的读者，而通俗的作家们却拥有大量无知无识且毫无批判力的群氓读者”。在艾略特眼里大众社会以追逐利润为目标，必然降低艺术和文化的标准。

说到艾略特，读者马上想到在《围城》里艾略特的名字被译成“爱利恶德”，钱先生通过曹元朗的十四行诗《拼盘姘伴》暗指艾略特的《荒原》有杂凑乌合之嫌，不过讽刺的矛头主要

① 《钱锺书散文》，第492页。
② 《钱锺书散文》，第57页。

还是指向邯郸学步者。（曹元朗知道他自己大作中夜莺啼声“Jug！ Jug！”的妙味吗？）从钱先生的“少作”来判断，他对以艾略特为代表的“新古典主义”甚为欣赏。钱先生的早期重要文章《论复古》是一篇关于郭绍虞先生《中国文学批评史》（上册）的书评（载 1934 年 10 月 17 日《大公报》文艺副刊）。钱先生先来一点以退为进的“自我批评”：“藐视复古似乎是极时髦的态度，假使我学不像时髦，这是我的不幸。”而郭先生好像是反对复古的，他相信所谓进化的文学史观，依照这一史观，复古为逆流而动。崇尚进化与藐视复古是一枚铜钱的两面，“文学进化”的主张暗含了这一前提，即后起的文学脱胎于过往的文学，在文学价值上来说也是“后来居上”。钱先生则说，文学史上的复古往往也是革新或革命，在当代英国文学中，古典主义不是翻过身来了吗？钱先生指出，历史的演变其实难以捉摸，不能凭个人的好恶作出“顺流”“逆流”的标准，这算不上什么历史观，真正有“历史观念”的人“也爱恋着过去，他能了解过去的现在性（the presentness of the past），他知道过去并不跟随撕完的日历簿而一同消逝”。[①] 笔者猜测，钱先生在此引用的恰恰就是艾略特的观点。在《传统与个人才能》这篇文章里艾略特论述了他所理解的“历史意识”，这“历史意识”“含有一种领悟，不但要理解过去的过去性，而且要理解过去的现在性”。[②] 艾略特所设想的“传统”不是进化论者线性的、由低

① 《钱锺书散文》，第 505 页。

② 艾略特的原文是“and the historical sense involves a perception, not only of the pastness of the past, but of its presence”。

往高发展的传统，提出“过去的现在性”是为了防止传统的断裂和对复古的简单否定。

《论复古》一文的精华是对一种畸形的进化论的质疑。自从严复翻译《天演论》之后，进化论在中国形成了压迫性的“舆论的气候”。梁启超预言二十世纪将为进化论所“磅礴充塞”，胡适和他的两位表兄弟以“物竞天择”“适者生存”来更改自己原有的名字，庸俗的社会达尔文主义以“天演”之名横行一时。钱先生提醒读者，用“进化”一词时应细细斟酌，如不知事物“进化”的最后目标，我们就不能不加分辨地把一切转变视为“进化”。当我们说“文学进化”时我们实际上是在作价值判断，即后来的文学作品价值更高。此时钱先生在一条注释里请读者参观“Santayana：*Winds of Doctrine* 第 59 页”。[①] 钱先生喜欢读这位“山潭野衲”（现在译作桑塔亚那）的著作，对他的才学和胸襟多有赞赏。笔者正好有这本书第一版（伦敦，1913 年），我们不妨把钱先生点到而未引的文字译出：

> 如果过于热衷进化的理论，这就容易在对事物的道德评估方面产生邪恶的影响。首先，进化论者坚持，后来的事物产生于先前的事物，就事物的原因和基础而言确实如此，但不能这样来谈它们的价值；就好像现代希腊相当大程度上来源于古希腊，但并非古希腊的极致的发展。然而进化论者会进一步假定，后来的事物必然优于它们所由产生的先起的事物：这完全是错误的。[②]

① 《钱锺书散文》，第 504 页。

② 这段文字出自 *Winds of Doctrine* 中《亨利·柏格森的哲学》一文。

在《论复古》一文最后，钱先生提出四个论点，表示将在“下篇”一一予以论证。第四点是：“若不顾民族的保守性、历史的连续性而把一个绝然新异的思想或作风介绍进来，这个革新定不会十分成功。”[①] 这与陈寅恪的立场相类，“保守”一词在当时并非只含贬义，“民族的保守性”与陈寅恪所说的“本来民族之地位”相去不远。[②] 但是这“下篇”笔者未能见到，殊觉可惜，敬祈方家提供线索。不过评周作人的小书《中国新文学的源流》一文（载《新月月刊》杂志第 4 卷第 4 期，1932 年 11 月 1 日）也可当作《论复古》的姐妹篇阅读，里面一些切斯特顿式的悖论暗含对国民党政府的批评，尤其发人深省：

> 周先生（周作人）引鲁迅“从革命文学到遵命文学”一句话，而谓一切“载道”的文学都是遵命的，此说大可斟酌。研究文学史的人，都能知道在一个“抒写性灵”的

① 前三点是：“（一）文学革命只是一种作用（function），跟内容和目的无关；因此（二）复古本身就是一种革新或革命；而（三）一切成功的文学革命都多少带些复古——推倒一个古代而另抬出一个古代……”《钱锺书散文》，第 509 页。

② 陈寅恪在作于三十年代初的《冯友兰〈中国哲学史〉下册审查报告》（《陈寅恪集·金明馆丛稿二编》生活·读书·新知三联书店，2009 年，第 283 页至 284 页）写道：释迦之教义，无父无君，与吾国传统之学说，存在之制度，无一不相冲突。输入之后，若久不变异，则绝难保持。是以佛教学说，能于吾国思想史上，发生重大久远之影响者，皆经国人吸收改造之过程。其忠实输入不改本来面目者，若玄奘唯识之学，虽震动一时之人心，而卒归于消沉歇绝。……窃疑中国自今日以后，即使能忠实输入北美或东欧之思想，其结局当亦等于玄奘唯识之学……其真能于思想上自成系统，有所创获者，必须一方面吸收输入外来之学说，一方面不忘本来民族之地位。

文学运动里面，往往所抒写的“性灵”固定成为单一的模型（pattern）；并且，进一步说所以要“革”人家的“命”，就因为人家不肯“遵”自己的“命”。“革命尚未成功”，乃须继续革命；等到革命成功了，便要人家遵命。这不仅文学上为然，一切社会上政治上的革命，亦何独不然。所以，我常说：革命在事实上的成功便是革命在理论上的失败。[①]

据钱先生在清华的同班同学饶余威回忆，钱先生在校时就以中英文造诣深、精于哲学及心理学著称。钱先生的“少作”表明，他对哲学和心理学的关注确实不同寻常。《大卫·休谟》和《休谟的哲学》（均发表于1932年）两文显示出作者对休谟哲学非常深湛的了解。钱先生在《作者五人》（1933）一文中评点了G. E·穆尔、卜赖德雷（F.H.Bradley，现在一般译为布拉德雷）、罗素、詹美士（威廉·詹姆斯）和山潭野衲五位哲学家的风格特征。那些分析和形容的文字新奇突兀而又准确到位，它们的背后是出色的英语语感，这语感充分体现于钱先生对这五位文体大师的精心比较。

钱先生对人类的未来未敢乐观，他好谐谑而无牢骚。他很早就注意到文学和生活中的感伤主义，并曾引用利维斯夫人的老师、艾略特的好友瑞恰慈在《实践批评》（1929）一书中对感伤主义的定义：“感伤主义是对于一件事物过量的反应。”瑞恰兹1929年来清华讲学一年，钱先生想必听过他讲授的课程。如何看待文学或诗中的哀怨，这是一个与感伤主义不无关联的

① 《钱锺书散文》，第84页至85页。

话题。在评一部诗集的文章《落日颂》（1933）里，钱先生提倡“气概阔大”的文学。借诗发泄是青年通病，在这本诗集里有一种不变的情调：“英雄失路，才人怨命，Satan（撒旦）被罚，Prometheus（普罗米修斯）被絷的情调。……可怜的宇宙不知为了什么把我们的诗人开罪了，要受到这许多咒诅。”① 这分凄惨和怨恨是不是感伤主义的典型标志？让我们来看一看钱先生对诗人的忠告：“不能东涂西抹，浪抛心力了，要改变拜伦式的怨天尤人的态度，要和宇宙及人生言归于好。”② 这些评论出自一位 23 岁的年轻学生之手，当时一些年长的诗人读后不知是否会赧颜汗下？

当“少作”中不怨不忿的成熟的人生态度和灵动的文心、敏锐的美感相融合的时候，“少作”就成了经典。我们又一次见证了“过去的现在性”。

---

① 《钱锺书散文》，第 98 页。

② 《钱锺书散文》，第 101 页。

《文学遗产》和学术争鸣[①]

去年（2013 年）文学所在这个报告厅举办了成立六十周年的大庆，在座的不少来宾参加了那次活动。今天我们又聚集一堂，纪念《文学遗产》创刊一甲子。我代表文学所向大家表示欢迎，向《文学遗产》编辑部表示热烈的祝贺，也借此机会向六十年来所有为《文学遗产》工作过、为它做出贡献的人士表示由衷的感谢。

《文学遗产》杂志得到古代文学界的高度评价，这是文学所全所的光荣。作为姊妹刊物《文学评论》的主编，我深感责任重大，在很多方面，《文学评论》还要多向《文学遗产》学习。

1954 年 3 月 1 日，《光明日报》的学术专刊《文学遗产》（两周一期，同年 7 月改为每周一期）与广大读者见面了。这份专刊是在当时的文化部副部长兼中国作家协会古典文学部部长郑振铎等人的倡议下创办的，编辑部设在附近的东总布胡同 22 号，由古典文学部副部长陈翔鹤担任主编。从创办到 1963 年 6 月 9 日暂时休刊，《文学遗产》共出版 463 期（《光明日报》1964 年 6 月 7 日接办《文学遗产》，两年后因“文化大革命”停刊），这份周刊是新中国成立后古典文学研究界的重要学术平台，也

① 本文是在《文学遗产》创刊六十周年纪念会上的讲话，载 2014 年 10 月 22 日《中华读书报》。

是让众多作者和读者感到十分亲切的家园。

1956 年 9 月，中国作家协会古典文学部撤销，编辑部划归文学研究所，同时文学所也脱离北京大学，划归中国科学院哲学社会科学部，编辑部成员转入文学所。今天的来宾中有北大和作协的代表，遥想当年，几个单位不分你我，协作办好《文学遗产》，使之成为大家共同努力的结晶。今后我们还将保持密切联系，精诚合作！

但是在 1954 年至 1963 年近十年的时间里一直任劳任怨地担任主编的陈翔鹤却在“文化大革命”期间遭批斗，于 1969 年 4 月含冤去世。这一段历史，留下了深深的遗憾。1980 年，《文学遗产》作为一份季刊重新与读者见面了，1986 年又改为双月刊。可以说，没有十一届三中全会的全面拨乱反正，就不会有《文学遗产》的今天。

作为普通读者，我在此谈一谈重读“文化大革命”之前《文学遗产》的感想。五十年代的《文学遗产》为配合当时的政治形势，组织过一些批判文章，标语口号式的文字并非没有，这不难理解。但是，《文学遗产》一直有着自由展开学术争鸣的优秀传统，这是我们要一如既往地发扬光大的。郭沫若的《谈蔡文姬的〈胡笳十八拍〉》发表在《文学遗产》第 245 期（1959 年 2 月 25 日），引起热烈争论。文章认为，胡适、郑振铎和刘大杰的文学史都断定《胡笳十八拍》是后人伪作，谭丕模和北大中文系 1955 级的文学史则根本没有提到它，令人不平。郭沫若对《胡笳十八拍》评价极高，称它“是用整个的灵魂吐诉出来的绝叫”，深切动人，必定为蔡文姬所作，“没有那种亲身经历的人，写不出那样的文字来”。他引用了《插图本中国文学史》里一段文字，指出“郑先生的议论是很成问题的”。我们知道，郑振铎和谭丕模（还有整个中国文化代表团）1958年10月17日飞机失事遇难，那次不幸事件使全国震惊，郭沫若还撰文悼念郑振铎。但是悼念是悼念，学术是学术，前者不应妨碍后者。我深感郭沫若在文章里平心静气地提到两位死者的名字是非常可贵的。学术讨论应该诚恳、直率，不必瞻前顾后、“礼数”周全，死者和家属绝不会在意。《文学遗产》接着刊发了一系列相关文章，有支持的，也有反对的。当年年底，编辑部还主编了《胡笳十八拍讨论集》，收文29篇（其中10篇在周刊上发表），由中华书局出版。文集反映了正反两面的观点，结论是开放性的。

借此机会，我还想以古代文学爱好者的身份继续那场坦率友好的对话。文学创作中的抒情往往是模仿，曹雪芹不是女性，却创造出栩栩如生的林黛玉、薛宝钗和一大批女性人物，“非亲历者写不出来”这样的论断未必能够成立。中国文学尤其是古代文学里有大量拟作，无名作者虚拟某一历史人物的口气创作，实在是太常见了。抗战爆发后郭沫若离开了日本，毅然回国，这是一段极为痛苦的经历，他久久不能忘怀。带了个人这份复杂的情感阅读《胡笳十八拍》，容易产生共鸣，甚至被诗中“滚滚不尽的海涛”（郭沫若用语）冲倒、淹没。可是文学研究者不能太受自己经历的左右，还应“克己”以求升华，达到一种“非个人”的境界，这时或许不难发现，《胡笳十八拍》中颇多程式化的“他者”描写，而且，悲伤的母亲不会用概念化的“胡儿”[①]来称呼自己的孩子。冷静分析、评价自己热爱的作品，与自己身上比较个人化的一面保持距离，对研究者而言还是必要的。至于以学术追求个人的名利地位，不必说，那是要不得的。

文学所划归哲学社会科学部后，很快创办了《文学研究》（1957年3月创刊，初为季刊，1959年易名《文学评论》，改为双月刊）。这份期刊与光明日报社的《文学遗产》周刊互相呼应，互相促进，两个刊物还开过一些联席会议，编辑也互相流动，如张白山在1957年由《文学遗产》编辑部调到《文学研究》编辑部，1979年10月又调任《文学遗产》副主编，协助余冠英筹备以期刊形式复刊。这次人事调动说明，《文学遗产》专刊和《文学评论》实际上你中有我，我中有你。1957年的《文学研究》给人印象最深的就是古代文学占有非常突出的位置。（《文学研究》头两期刊载了俞平伯关于李白的两篇论文，表明这位《红楼梦》权威的研究工作未因受到批评而中断，只是方向有所改变。文学所尽力保护俞平伯，这是我们引以为豪的。）郭沫若考证《胡笳十八拍》中“拍”字的论文《为“拍”字进一解》就是发表在《文学评论》（1960年第一期）上的。郭沫若推断“拍”字可能是外来语，源自突厥语系的古匈奴语，意思是“首”，为此他求

① 补记：第十一拍提及孩子：“日居月诸兮在戎垒，胡人宠我兮有二子。鞠之育之兮不羞耻，愍之念之兮生长边鄙。”“宠”字交代了那位“胡人”的社会地位。第十三拍：“不谓残生兮却得旋归，抚抱胡儿兮泣下沾衣。”作者表达“他者”时都很笼统，而且政治立场正确。史籍中记载的蔡琰入胡时间在十年以上，她与当地人结婚生子，对边地习俗，也是比较适应了。《胡笳十八拍》首次出现于宋朝的《乐府诗集》和《楚辞后语》，亦即“文姬归汉”千年之后。

教于民族所所长包尔汉。包尔汉查考了突厥语系中多种语言，证明郭沫若的猜测是有根据的：游牧民族对中原文化产生过重大影响，《胡笳十八拍》中的“拍”字不外是突厥语系中“首”字的对音；我国古代诗歌称“篇”，大概是东晋以后“首”字的使用才逐渐普遍。由此可见，中国文学与周边的各种文化不断交流、互动，始终在发展变化，传承中有创新，从来不故步自封、画地为牢。

翻阅最新一期《文学遗产》（2014年第五期）的时候注意到商伟《〈儒林外史〉叙述形态考论》一文，想到《文学遗产》自创办之初就不断推出新人。曹道衡在1953年12月的《文学遗产》上发表《从明末清初科举制度看〈儒林外史〉》时是文学所的新人，当时才25岁。文学所的一些古代文学专业的年轻学者都是通过《光明日报》这个专刊初试锋芒，后来成为大家。因此《文学遗产》也是文学所的学术摇篮。

今天由于担心堵车，起得很早。我拉开东窗窗帘，房间里顿时洒满阳光，外面是灿烂的朝霞。《卿云歌》（“卿云烂兮，糺缦缦兮。日月光华，旦复旦兮。”）可以表达当时的欣喜。旦夕是一个周期，甲子也是一个周期。今天《文学遗产》迎来新的一天、新的甲子。“日月光华，旦复旦兮。”让我们共同为这份刊物祝福，祝它永远年轻，祝它所承载的中华文化不断获取新的生命。相信在大家的支持下，《文学遗产》会维护好古典文学研究者的这个园地，使之在新的甲子里百花齐放。

笔者在准备这篇发言稿之前读了卢兴基的回忆文章《60年

了，〈文学遗产〉那些事》(《中华读书报》, 2014 年 9 月 17 日)，很受教益，在此致谢。

共同的事业

——纪念樊骏先生[①]

模模糊糊地记得，曾在社科院的过道中或电梯上见过樊骏先生。但是，真正将他的面容看得真切的，是在两年前的遗体告别会上。那是一次文学教学与研究界悲伤的聚会，人们在含泪悼念一位出色的学者、亲爱的师长的同时，深惧他所象征的品质和工作态度会离我们远去。樊先生奖掖后进，培植正气，在学术评价上不徇私情，有一种近乎迂阔的真率。他的真率来自无我的精神。

一位十九世纪的哲人说，只有那些不为自己谋取幸福而把心力用在别的追求上的人，才是幸福的。樊骏先生以无我之心投身于他所热爱的工作，他是一个幸福的人。想到这一点，追念他的时候，我们也感到一点快慰。他为现代文学学科的发展鞠躬尽瘁，绝无借此扬名的意思。在人文学术研究资金匮乏的时刻，他捐款设立现代文学学会的王瑶学术奖和文学所的勤英文学奖，条件是文学所必须为他保密。樊先生长期以来为社会和学术工作，举重若轻，自然而然，仿佛那是他的习惯，这一

① 本文是中国社会科学院文学研究所编辑的《告别一个学术时代：樊骏先生纪念文集》（社会科学文献出版社，2013年）一书的序言。

境界非有心做“好人好事”者所能企及。太史公说：“君子疾没世而名不称焉。”这句话不能用于樊先生，因为他从来不会为了“名不称”而焦虑。欲称名于世者使他所从事的事业服务于自己，而樊骏先生将自己服务的对象看得远比自己重要。为此，我们向樊骏先生三鞠躬。

读了这本纪念文集里的文章，会对樊骏先生有较为全面的了解。我还想在此做点补充，稍微介绍一下他的中学经历。樊先生 1944 年 9 月到 1949 年 7 月就读于上海麦伦中学，该校原称麦伦书院，是英国伦敦会创办的教会学校。北伐成功后，在中国政府的干预下，学校取消了宗教方面的课程，但是保留了一些办学的特点，仍有着服务社会、服务公众的理想。说到麦伦中学，不能不提校长沈体兰先生。沈先生为麦伦订立了四项原则：树立高尚理想、养成社会意识、练习集团生活、实行公众服务。他是基督徒，热心捐助，更是一位杰出的爱国者，他希望学校能够“养成新国家公民，造就新人格青年”。麦伦中学的人格教育始终是在服务国家与社会的前提下进行的。樊骏先生从麦伦所学到的，不仅仅是知识。

这样的办学理念淡出个人，强调利他，绝不会把读书作为改变个人和家庭社会地位的手段。樊骏先生一度喜欢上教堂，也能接受一些基督教教理，但是有人劝他受洗入教，却被他一笑拒绝。他在麦伦念高中的时候喜欢写诗，大约在 1946 年或 1947 年，他在一首诗里写道：

生命是一把火，

不断地替人类发射温暖与光芒。
有人说："世界是如此黑暗，人情是多么冷酷。"
这是他自己熄灭了生命之火。
别怕木头会被燃烧，燃烧才能增加更大的火苗；
一块木头的毁灭，
光芒与温暖才能永远不绝。

樊先生少作里的"生命之火"是去我的，甚至是随时准备做出自我牺牲的。有了这样的生活态度，就不会悲悲切切，满腹牢骚。何其芳早期诗作《快乐的人们》里有这样的句子："我们是一堆红红的火。"快乐的人们深入广阔的生活：

去过极寻常的日子，
去在平凡的事物中睁大你的眼睛，
去以自己的火点燃旁人的火，
去以心发现心。[1]

在麦伦中学念书的樊先生读过这些诗句吗？可能没有。但是从上面所引的这些诗行里，我们看得出，燃烧的木头和快乐的人们其实非常相像，他们都对人生与社会张开双臂。传统文学中不遇的诗人总是抱怨社会黑暗，自己太高洁，反而不为世所容。他们没有意识到，自己唱着"世混浊而莫余知兮，吾方

① 何其芳，《生活是广阔的》。

高驰而不顾”的调子，实际上是对“平凡的事物”闭上了眼睛，那样的态度不是熄灭“生命之火”，就是走向自我封闭。世界并不会因有这么一堆愁眉苦脸、自我欣赏的人而变得光明。

樊骏先生进北大那年，正值鼎革之际。对自己的祖国，樊先生有一颗拳拳之心。在现代作家里，樊先生研究得最多的是老舍，也许后者的温和宽厚与樊先生的性情比较相合。他多次强调，老舍1949年从美国回国，有其必然性。他曾引用老舍一篇文章，里面说到初冬时节轮船抵达天津：“离开华北已是十四年，忽然看到冰雪，与河岸上的黄土地，我的泪就不能不在眼中转了。”老舍爱恋故土，刻骨铭心，回国是他必然的选择。樊骏先生跟老舍一样，对新中国满怀期待，欲以自己的燃烧给周围带来“光芒与温暖”，同时他又敏锐地感受到正在中国发生的历史变革。

历史变革的参与者总想以更加积极的态度来看待自己祖国发生的一切。1950年，学校曾组织学生到东长安街参加义务劳动，樊骏先生就奇怪，为什么北大校内有些倒塌的房子，断墙碎砖需要清理，大家视若无睹，反而挤到大街上凑热闹。他坦率发问：是不是非要报馆记者来采访、拍照、大事宣传了，大家才去劳动呢？也就是说，义务劳动不是形象工程，专门摆出样子来给人看的。

真正具有主人翁负责任的态度，才说得出这样的话来。如果一个社会不能听取中肯的意见，要取得踏踏实实的进步就很难。遗憾的是我们的社会一度不能开明地对待这样的意见。樊骏先生在1957年的“整风”鸣放运动中，有些不合标准的言论，也在意料之中。为此他还被开除团籍。文学所党总支已在1978年对此事进行复查，认为当时开除团籍是错误的，决定予以改正。在这二十年的时间里，樊先生依然故我，他身上的“生命之火”不会因为个人的境遇而熄灭。

樊先生1953年从北大一毕业就分配到文学研究所，由于他是单身，久久没有自己的住房。他长期住集体宿舍，在六十年代，还以文学所的办公室为家，面北的书桌旁就是一张单人床，而他的八个书架正好用作影壁。樊先生在同辈研究人员中，算是藏书丰富的。一直到1980年左右，樊先生才分到了属于自己的一套房子，于是这些图书跟着他也搬了家。近三十年我国文学事业兴旺发达，樊先生的私人藏书也在不断扩展。

樊先生去世后，他的弟弟樊绘曾先生遵照他的遗愿将他的藏书捐献给文学所。为此，文学所在小会议室腾出地方，定制了一些书架，作为存放、陈列樊先生图书所用。上个学期，文学系的贺嘉钰、程帅和刘玉静三位同学花费了几个星期的时间将这些图书整理、编目完毕，她们十分辛苦，脸上却透出喜悦，因为这项任务于她们而言，是爱与崇敬的劳作。有位同事看到这些樊先生生前不时翻检的书籍，感到他的精神永在，不禁脱口而出：“樊骏先生又来上班了，还是住朝北的办公室！”目前这些书籍已经上架，只是它们摆放的位置不同于安贞桥书房，樊先生如要使用，恐怕还要耐心寻找。

文学所的现代文学学科奠基人唐弢先生于1992年逝世后，樊骏先生曾撰文纪念。他说，唐弢先生未了的工作也就是下一辈的任务：“我们这些生者，面对这些未了的工作，除了遗憾，肩上还多了几分责任——共有的遗憾，本来就源于共同的事业，因此，也只有借助于共同的事业的不断发展，才得以逐步消解。”樊骏先生辞世后，我们这些生者也感到了类似的源于共同事业的遗憾与责任。相信文学所的同人会继承樊先生的精神遗产，真正推进几辈学人为我们奠定了基础的共同事业。

“风风火火闯九州”的背后

——略谈王学泰先生的学术贡献

王学泰先生早年屡遭困厄，1980年进中国社会科学院文学研究所时已年近四十。没有改革开放，就没有他的学术生涯。我2010年调入文学所时他退休已好几年了，不过我也常在楼道遇到他。他回社科院总是背一个大包，为的是借书，只要满载而归，他就笑呵呵的。也许为了追回当年失去的时间，他尤其勤奋多产。去年住院，他还带着自己的电脑，在病床上继续工作，准备完成一部中国笑话史。但是他竟然走了。

一、游民——另一个中国

费孝通的《乡土中国》是社会学的经典，研究古代中国人在乡土社会中的生活状况，尤其是制约他们行为的礼治秩序和差序格局。但是这个乡土中国是静态的，还有一个流动的中国。由于战乱和灾荒，或作为一种生存手段，大量农民“脱序”离开乡土，成为游民，他们中很多人结成团伙，混迹于江湖，在社会大动荡之际发迹。《水浒》电视剧片歌唱的就是“该出手时就出手，风风火火闯九州”的所谓“江湖好汉”。一直到二十世纪二十年代，中国还有无数游民。比如1925年毛泽东在分析社会各阶级时就说到“游民无产者”：“他们是人类生活中最不安定者。他们在各地都有秘密组织，如闽粤的‘三合会’，湘鄂黔蜀的‘哥老会’，皖豫鲁等省的‘大刀会’，直隶及东三省的‘在理会’，上海等处的‘青帮’，都曾经是他们的政治和经济斗争的互助团体。处置这一批人，是中国的困难的问题之一。”这些游民也加入农会和红军。四年后毛泽东如此批评党内“流寇思想”：“由于红军中游民成分占了很大的数量和全国特别是南方各省有广大游民群众的存在，就在红军中产生了流寇主义的政治思想。……应当认识，历史上黄巢、李闯式的流寇主义，已为今日的环境所不许可。”他认为必须加强“反流氓意识的教育”。较早关注秘密会社和游民的是日本浪人平山周，他直接参与组织、成立中国同盟会，并到中国调查会党，写成报告（中文版《中国秘密社会史》1912年由商务印书馆出版，章太炎作序）。但是一直到九十年代，对游民的研究极其少见。王学泰著作等身，在古典诗词方面造诣精深，但是他对学术和思想最大的贡献非《游民文化与中国社会》一书莫属。这部著作横跨文学、社会学、人类学和历史学几个学科，能与《乡土中国》比肩。

《游民文化与中国社会》原是国家社科基金项目，最初于1999年出版，当时只印三千册。该书的增修版（2014年，山西人民出版社）多达七十万字，比初版多出近二十万字。王学泰早在二十世纪八十年代末开始研究游民思想意识的特点及其形成原因，1992年香港中华书局出版的《中国流民》（原拟名《游民的理想与现实》），篇幅不大，可以说是《游民文化与中国社会》的雏形。此后作者在《文学遗产》《文史知识》和《文学评论》等杂志发表一系列关于游民文化的论文，自成一家之言。江湖艺人把种种游民发迹的故事编成通俗文艺作品，在普通民众中流传，这些作品的潜在价值观渗透于集体无意识之中。将这类故事背后的思想意识用“游民文化”四字概括并予以批判，这是王学泰先生最突出的学术贡献。他论证了游民、游民文化与中国俗文学相互影响，这又是包括郑振铎在内的以往的研究者所忽略的。

二、“三国气和水浒气”

鲁迅在《叶紫作〈丰收〉序》中写道：“中国确还盛行者《三国志演义》和《水浒传》，但这是为了社会还有三国气和水浒气的缘故。”这句话，绝不是对 1935 年 1 月的中国社会状态的恭维。而且，鲁迅对“三国气和水浒气”的担忧与他的国民性改造是相联系的。七八年前，刘再复先生痛快淋漓地论述过这一问题，甚至指出暴力和权术崇拜是中国人通往地狱之门。[①]现在人们经常讲传统价值，有的学者往往把一些正宗典籍上宣扬的价值等同于支配普通人日常行为的准则，殊不知文字所苦心提倡的，恰是社会现实中所需要、缺少的。历史不以金玉良言为纲目，我们未见“己所不欲，勿施于人”之类的理想贯穿于二十四史。历代帝王将相中不少是游民出身，他们根本不顾什么道德黄金律。

齐如山（1875—1962）的著作不引证经史，不讲大道理，

① 详见刘再复《双典批判》，生活·读书·新知三联书店，2010 年。

他自幼读书之余就好观风问俗，对“社会中实在情形”尤多究心，这种求知的方式可以说是“不由恒蹊”了。齐如山对清末民初北京的三教九流、五行八作都有接触，因而被称为“近代掌故的活辞典”。我以为王学泰先生治学与齐如山颇为相似。记得齐如山曾说，日本人在晚清为了了解中国人的行为习惯，专门收集各种民间流行的小说。王学泰指出，传统文化除了儒释道三教之外，还有“小说教”，它在民间的影响恐怕比儒释道更大。四书五经对讨论传统价值和信仰、认识古人行为规范是有参考意义的，但是不能过分依赖。王学泰揭示的“小说教”有着垂范的意义。

《游民文化与中国社会》是对《三国志演义》、《水浒传》和“说唐”系列的系统批判。王学泰先生发现了这些作品的共同特点：“《水浒传》是集‘朴刀杆棒’故事于大成的长篇小说，它真实地反映了游民的奋斗与生活，比较集中地表现出了游民的意识和理想，成为游民反抗主流社会的教材，成为江湖的百科全书。与《水浒传》差不多同时成书的《三国志演义》，也有着浓重的《水浒传》的影子。”这两部小说“不同程度上成为游民意识的载体，在游民生活与游民的组织化过程中发挥了极大的作用”。至于为什么这些小说深入人心，王学泰先生在谈《水浒传》的主题时解释道：“（游民）这个阶层是社会大变动中最为活跃，获利最大，其遭遇也是最有戏剧性的群体，因此根据他们的生活所创作的文学作品就能超越本阶层而为广大的人群所欢迎。当然，在表现游民的故事为广大读者所接受的时候，游民意识就自然而然地影响到了民众。”《游民文化与中国社会》中还有“朴刀杆棒”和“发迹变泰”两个关键词：“‘朴刀杆棒’是游走江湖者保卫自己、争取生存和反抗社会的武器，而‘发迹变泰’是游民的美丽的梦想。前者似乎是实现后者的手段，后者是前者奋斗的终点。”

还可以加上一句：为了“发迹变泰”可以无视生命，不择手段。《水浒传》里的张横把他的“衣食父母”——三头行货——摇到江心时唱道：“老爷生长在江边，不爱交游只爱钱；昨夜华光来趁我，临时夺下一金砖。”这首歌比“赤日炎炎似火烧”更有资格当选《水浒传》的主旨。“金砖”和它所象征的一切说出了不少山寨落草者的夙愿：个人和小团体不受法律束缚的享受和富贵，即“大秤分金银，大碗吃酒肉”，而“替天行道”无非是一块幌子。

元明两代很多通俗文学作品是在宋代作品基础上改写发展的，它们往往鼓吹有组织的暴力，基本倾向是反社会的。这类作品中不乏野蛮血腥的细节，比如《花关索出身传》（六十年代出土）的起首，刘关张桃园结义后，刘备担心关羽和张飞起回心，竟让他们各自回家杀掉家小。关张两人怕自己动手不忍心，约好互杀其家。

三、畅所欲言，从自己开始

孔子主张“和而不同”，王学泰先生是深表赞赏的。他在墨子“尚同”一说中看到了危险。他自己曾经横被口祸，但是他知识分子的良知从未泯灭，不屑于明哲保身。王学泰先生不断自省，他的反思对后辈学者是有启发性的。他一度“怀着虔诚的忏悔精神”阅读记载于刘向《说苑》中的《金人铭》：“古之慎言人也，戒之哉！无多言，多言多败；无多事，多事多患。”他也想学得世故圆滑，打算从此学习金人三缄其口，但是可贵的是他认识到，“‘当说少开口，遇事躲着走’的心态打断了民族的脊梁”，并不属于主流文化：“这种卑怯的思想在我国流毒了几千年，是和我们民族的优秀的道德传统背道而驰的。”他向读者推荐的是晋人孙楚的《反金人铭》。尧舜盛时“悬谏鼓”，“立谤木”，“千方百计地搜求意见，这样才促成了人们道德水平的提高，形成良好的社会风气”。王学泰先生有独立之精神，自由之思想，更可贵的是他发现，人人三缄其口，只会败坏社会风气，因此他建议有才能的人要对国家和社会负责任，敢于建言，每个人都“要以更积极的态度为后代留下更多的东西”。这也是和我们历来所积极主张的“知无不言，言无不尽，言者无罪，闻者足戒”相一致的。

有的人（或者说有的机构）欠王学泰先生一个道歉，他却不以为意。我想，他多年研究游民文化，痛感“报仇雪恨”的心态害人太深。他信奉并身体力行的是仁爱和善良。这是他留给后人最大的遗产。现在人们经常讲的传统价值，其实是经过选择的。近日阅读王学泰先生的著作，在悼念他的同时，又生出许多遗憾。1998 年夏，我看了电视《水浒》后，在《读书》杂志发了《水浒的灾难》一文（已收入《自我的风景》，花城出版社，2015 年）。我认为这部小说里的所谓“英雄”，没有一个是真正种田的农民，他们“聚义”之后，依然不事生产，将事实上的“落草”冠以“农民起义”之名，非常不恰当。

二十年前，我还不知道王学泰先生已在系统地揭示“风风火火闯九州”背后的意识形态，从外文所调到文学所后，才听闻他的游民文化批判，可惜我竟然从未向他请益。好在他的著作将汇集在一起统一出版，我还可以弥补缺憾。据说某省一些颇有影响的人士建议设立水浒市，相信王学泰先生地下有知，还会拿起他的如椽大笔。

天堂里的笑声

——纪念童道明先生[①]

今天下午三点多传来消息，童道明先生走了。就在两个月前，我曾路过他在潘家园华威西里八号楼的住处，当时很想去看看他，因担心时间不合适而犹豫了，于是就把拜访的念头托付给“下一次”。不料，这样的机会永远逝去了。

回顾童道明一生，我首先想到的是契诃夫（1860—1904）。1954 年我国文化界人士在北京举行隆重仪式纪念契诃夫逝世五十周年，当时契诃夫短篇小说集的译者汝龙在北京图书馆作了长篇报告。但是作为剧作家的契诃夫是在改革开放后才更为全面地为中国戏剧爱好者所接受。2004 年，成立不久的国家话剧院举办国际戏剧节，打出的口号是“永远的契诃夫”。开幕戏是王晓鹰导演的《普拉东诺夫》，闭幕戏是林兆华导演的《樱桃园》。戏剧节过后，童道明和王晓鹰应邀到北图作讲座。十年后，上海译文出版社出了《契诃夫戏剧全集》（全四册），其中《伊凡诺夫》《海鸥》《万尼亚舅舅》《三姐妹》和《樱桃园》是焦菊隐在抗战时期的重庆翻译的，李健吾翻了九个独幕剧，时间在四十年代后期，童道明翻译的是《万尼亚舅舅》

① 本文载 6 月 29 日《新京报》第 1309 版，改题为《童道明：契诃夫戏剧研究第一人》，内容略有修改。

的前身《林妖》和《没有父亲的人》（又名《普拉东诺夫》），并撰写了全集的《导言》。在我国的俄罗斯文学界，童道明是契诃夫戏剧研究的第一人。

童道明是江苏江阴人，五十年代后期留学苏联莫斯科大学，当时就对契诃夫的剧作和戏剧理论产生极大兴趣。他后来分配到中国科学院文学研究所俄苏文学组，外国文学研究所 1964 年成立时，该组划归外国文学研究所。纪念童道明，我倒想借用他平时待人喜乐的风格。

1991 年元旦过后，我去外文所英美室上班，没过多久就认识了所里全部同事。童道明的善良是所里出了名的。那时他五十多岁，身板很挺，称得上气宇昂藏，但是他脸上却始终带着谦抑而又宽容的笑容，一看就是好脾气的人。他说普通话吐字清晰，却带有一点苏南的口音。他的嗓音不浑厚，不过夹着一种胶质老唱片的沙沙声，富有磁性。

“简洁是智慧的灵魂”，这句莎士比亚的台词用于契诃夫可能比用于莎士比亚自己更为恰当。童道明是外文所最会讲笑话的，他多年治契诃夫，深得契诃夫的创作要领。我一度参与外文所工会的工作。每到年底，工会都要举办联欢，全所在职与离退休的人员参与还比较积极。我曾多次与捷克文学专家蒋承俊搭档主持联欢会。大家从来不做准备，总有几个精彩的固定节目：比如叶廷芳和张振辉的男高音独唱，章国锋的男中音独唱。蒋承俊也会由主持人变为女高音歌唱家。较年轻的人中，余中先的宁波英语每年都变花样，刘东的男高音近乎专业水准，高兴的诗朗诵纯粹是诗人的声腔。在这一年一度的重要场合，童道明绝不会缺席，而且必会做一番分贝最低的表演。主持人请他出场，他也不推辞，不慌不忙地站起来，说几个完全取自他亲身经历的笑话。他的面部表情十分轻松，似笑非笑地与同事分享他的幽默。他创作上的非凡才能，在一个个微型故事里展露无遗。也许那时他已经在酝酿自己的剧作了。电视剧《围城》在九十年代初播放时收视率很高，中央戏剧学院毕业的陈道明八十年代就出了名，扮演方鸿渐后，更是成了全国电视观众的大熟人。童道明经常出席中戏的各种活动，有一次，他自报家门的时候对方没听清楚，误以为他是陈道明，结果闹出一系列笑话。童先生说，他研究戏剧，也写戏，但是还没有演过戏。这一次就不一样了："此道明即彼道明，我也来个假戏真做吧！"那次联欢会，我第一次当主持人，蒋承俊在某个间歇问我哪所大学毕业的，我呼应童道明，用"克莱登大学"来回答，他会心一笑。

2012 年 8 至 9 月在蓬蒿剧场举办了童道明的戏剧演出季，我去看了朗诵剧《塞纳河少女的面模》的演出，不过那时我已从外文所调到文学所。后来《塞纳河少女的面模》又成为他五个剧本的书名。这部朗诵剧是童道明向老所长冯至致敬的最佳方式。今晚我还特意打电话给冯至长女冯姚平，详细核实一些关于这具面模的史实。1932 年，冯至先是在柏林某报的报栏上读到一则报道巴黎一位无名少女的消息，然后买了她的石膏面模，当即发挥想象写了散文《塞纳河畔的无名少女》（发表于 1932 年 10 月 15 日出版的《沉钟》杂志）：雕塑家深为一位修女的微笑打动，他想尽办法用不同的原料再现这"超乎悲喜的无边的永久的微笑”，却一次次失败，无法像冯至《十四行集》里最后一首描写的“在秋风里飘扬的风旗”那样，“把住些把不住的事体”。诗人、作家和雕塑家一样，是需要和自己的原料搏斗的。《塞纳河畔的无名少女》里的雕塑家放弃了，而文章作者胜利了：读者为面模无可名状之美而感动、震撼。冯至深爱这具面模，1935 年回国时带着它远涉重洋，到上海同济大学任教。抗战爆发后，冯至又把它小心放置在逃难的行李中，赴云南任西南联大德文教授。在战时，面模一直陪伴着它的中国主人。抗战胜利后冯至回到北京，住沙滩附近的中老胡同北大宿舍，1952 年院系调整，原燕京大学校址归北大所有，冯至又搬到燕东园，从此无名少女的面模就挂在客厅的墙上，在跌宕起伏的历史语境下享受了十三四年的安定。与它为伴的是郑板桥的猫和齐白石为冯至画的画：一只黄色的瓠瓜，配一只红色的花大姐。这幅齐白石的作品还是老舍先生登门请来的。冯至的三爱后来都遭劫难。续写法国少女面模的故事，是由童道明先生来完成的。这时冯至先生去世已近十年。假如这位无名少女真有灵性，她又会怎样讲述自己的身世呢？我突然想找出《塞纳河少女的面模》来重读一遍。

我主编《现代化进程中的外国文学》（2015 年出版）时也请童道明撰稿，他很快就交出一篇《契诃夫和现代化》。他和契诃夫一样，未必相信毁灭“樱桃园”是必然、唯一的选择，带着惋惜目送“樱桃园”的消失。如何看待所谓的进步和新兴阶层的自信？物质的充裕是否能够不与精神产生冲突并确保人类的幸福？契诃夫没有答案，而且并非十分乐观。童道明写道：

“他（契诃夫）发出了将物质与精神和谐起来的呼吁。他把这个呼吁写进了《海鸥》（1896）的那段充满理性精神的独白里：‘我只知道要和一切物质之父的魔鬼进行一场顽强的殊死搏斗。我注定要赢得这场战斗。只有在取得这个胜利之后，物质与精神才能结合在美妙的和谐之中……’然而，契诃夫深知，物质与精神‘结合在美妙的和谐之中’，不过是一种向往。（历史上）物质与精神的冲突乃至物质对于精神的压迫，将是永恒的，因此，人类的精神痛苦也将是永恒的。”谈及《樱桃园》时，童道明将它视为一部现代启示录，因为它触及了人类的两难抉择：“契诃夫的困惑是有时代意义的，即使到了今天，我们还在困惑，因为被毁坏和将要被毁坏的‘樱桃园’无处不在。如果我们举自己的例子，那么北京的旧城墙难道就不是‘樱桃园’？在二十世纪五六十年代，北京的‘樱桃园’——北京城墙——不就是在北京现代化的过程中逐渐萎缩最终完全消失的吗？《樱桃园》最后传出的‘斧头砍伐树木的声音’永远会让我们揪心。”《新京报》上不断报道的一个个破坏环境的恶劣实例，不也是“斧头砍伐树木的声音”吗？几年前我读《樱桃园》还有一点感想。农民的孩子罗巴辛从社会底层向上攀爬，经商致富。他回忆起自己还是“小庄稼佬”时，年轻的地主柳鲍芙·安德烈耶芙娜“没有架子，待人心眼儿又那么好”，现在他可不会犯下什么“心眼儿好”的毛病，把“没落的”阶层扫地出门，绝不留情。我故意在“没落的”三字上加了引号，那种表述也是意识形态吧。

最后一次见到童道明是2017年11月30日。那天外文所特意为他的戏剧创作举办讨论会（“童道明先生戏剧艺术与戏剧批评”专题学术研讨会），濮存昕也来做了主题报告，不过这次他扮演的是配角。每位与会者还都领到一本童道明的《爱恋·契诃夫：童道明的人文戏剧之二》（中国出版集团公司华文出版社），剧本讲述的是契诃夫与米奇诺娃的故事。（《爱恋·契诃夫》于 2015 年 1 月 29 日在国家话剧院首演，那天是契诃夫诞生 155 周年。差不多与此同时，北京人艺推出了新版《万尼亚舅舅》。）会上要求发言的人很多，可见童道明的创作已引起广泛的关注。会后大家在附近聚餐，我乘机给会议的主角拍了照。童道明八十岁生日已过，稍显清癯，但是思维敏捷，谈吐风趣，甚至还有指点江山的豪气。我心里想，他多年涵泳于契诃夫的戏剧，怎么连长相也在与契诃夫靠近呢？如果他蓄起胡子来，再略年轻一些，他是可以扮演契诃夫的！绝对料想不到，如在眼前的契诃夫传人，只不过一年多功夫，竟然向人生的剧坛告辞了。

虽然童道明早在 1962 年就发表过评述布莱希特戏剧理论的文章，但没有改革开放，就没有他在研究、翻译和创作三个领域上的滋荣。外文所好几位老人，除了翻译和治学之外，也以创作见长。冯至是诗人、作家，他的抒情诗曾得到过鲁迅的赞赏。英美室的卞之琳专治莎士比亚，同为新诗开拓者之一。与他同龄的杨绛文字洗练，称她为当代最杰出的女性散文家，不算为过。法文专业的李健吾（笔名刘西谓）也是多产的剧作家、散文家。钱锺书原属文学研究所的西方组，实际上也是外文所的一员，他是在五十年代被郑振铎借到古代组去选注宋诗的。为什么外文所这些外国文学专家、翻译家能取得非凡的创作成就？这是一个有趣的话题。现在，童道明加入了他们的行列。契诃夫逝世前说："来一杯香槟吧。"童道明见到外文所的前辈同事，也许会说："在这里重逢，都来一杯香槟！"

天堂里传来一片笑声。

2019 年 6 月 27 日

附录：高考杂忆

参加高考，已是整整四十年之前的事了。回顾往事，还要从 1966 年说起。

那年我小学毕业。暑假开始前，在杭州刀茅巷小学的操场上，少先大队辅导员对全体六年级同学说，“无产阶级文化大革命”已经开始，大家不必再进行升学考试，可以回家“停课闹革命”。如何“闹革命”，我并不清楚，但是听到这消息，心里却有一种如释重负的感觉。我在校期间成绩一直不错，此时却不愿意让自己的学业受检验，担心万一考得不好，面子上过不去。操场上没有一个同学为失学难过。其实，不读书可以很愉快，把这些十二三岁的少年组织起来做出格的事，也非难事。这使我想起英国作家威廉·戈尔丁小说《蝇王》中杰克和那批跟着他作恶的孩子。1968 年 5 月我又得到“复课闹革命”的通知，进了附近的杭州茶厂五七学校（只设初中），读书时间极少，主要就是庆祝最高指示的发表。1969 年上半年，潮鸣派出所与辖区内的杭州茶厂五七中学联系，要组织一些学生到余杭某地“挖防空洞”，我是班里四五十位同学中唯一被选中的，与其他各班十几位同学到余杭，分住在农民家里，吃没有一点油水的农家菜（咸菜居多），忙了约两个星期，在一个小山包上整理出一块平地，挖出一个“十”字形的开放式深坑，根本不是什么“防空洞”。派出所所长黄根炎还几次到现场指导。我一直不明白那个大坑究竟派什么用场，那个空间，留下了很多猜测。1970年夏，我从初中毕业，本是应该下乡插队的，得了急病入住望江山疗养院。一个半月后出院，带了医院证明去潮鸣街道办事处，我的身份变为“因病留城”，简称“病留”。

我父亲六十年代中期得胃病和神经衰弱症，从建德村挤公交到玉泉浙大上班，已经有点力不从心。1973年他主动要求退休（报告还是我拟的），当年批准。其实他不退休也没关系，如能拖到七十年代后期，待遇和级别有望提高。大概是在1974年，我听说有职工子女顶替的政策，就一次次去浙大找人事处的干部，负责的朱先生也为我力争，最终还是因“病留”的身份搁浅。我那时想去浙大英语教研组整理资料，几位浙大老师帮了不少忙。曾任浙大英语教研组主任的陈楚淮先生是浙江瑞安人，我叫他陈伯伯，有段时期常去玉泉求是村看他，听他谈天说地，很长见识。陈妈妈待我这个小客人非常热情，还留我吃饭，但她说浙南家乡话，我完全听不懂，基本上只是根据她的手势揣摩她的意思。陈伯伯的女儿婉琳在中国科学院安徽分院工作，与我在合肥的两个哥哥宜山和湄江有来往。陈楚淮先生是新月派作家，早年创作过一些话剧，作品收入《陈楚淮文集》（浙江大学出版社，2007年）[1]，我一直到前年夏天才读。陈伯伯还把我介绍给当时浙大英语教研组负责人之一钟小满女士，她也希望我进教研组做一些辅助性的工作，可惜“病留”的身份

---

① 《陈楚淮文集》是浙大外语学院的何莲珍院长于2014年春惠寄给我的，在此向何院长致谢。

将我挡在浙大门外。

小学毕业后，我交了很多读书朋友，三哥临安的高中（杭一中）和杭大同学我几乎都认识，有几位是俄语专业的，激发起我对俄语的兴趣（曾学过两年）。叶九如是杭大中文系的，与母亲住卖鱼桥仓基上，他家有一些外国文学的图书，我常去借阅，叶妈妈还多次留我吃饭。我通过建德村的好友郑清一、熊延杭认识了好几位杭二中老三届学生，他们书源多，几乎有一个流动图书馆。建德村的邻居姜东舒先生参加过抗日战争，反右时被错划为右派，他在浙江图书馆工作，有一段时期只是在馆里给旧书包书皮，用毛笔写书名。姜先生是著名书法家，不知那些牛皮纸上的"墨宝"下落如何。我常去姜先生家聊天，欣赏他收藏的各种文物，印象最深的是苏东坡用过的砚台。当然，我也通过他借书。我自己家里也有不少藏书，主要是祖父和外公传下来的，对我的帮助自不必多言。有一件非常不体面的事应该顺便说一说。"文化大革命"期间的红卫兵抄家抄书，但是也偷书。我不是红卫兵，但是在七十年代中期到几个才恢复开放的图书馆偷过书，甚至到了夜半与朋友结伴一起潜入图书馆做"梁上君子"的地步。书荒使得求知欲旺盛的青年变得极端自私，没有任何理由为这种反社会的行为辩解。

1978年春的研究生考试让我猛醒。早先，作为英语自学者，我一心想读原著，做翻译[1]，摸过俞大絪和徐燕谋的教材，实际

---

[1] 进复旦前我在前面提及的民间刊物《潮鸣》杂志上发表过一篇意大利短篇小说《弗雷》，是从英文转译的。我还翻译过泰戈尔的美国演讲集《人格》和大仲马的《三个火枪手》，前者有发表价值，可惜译稿已不存。

上似懂非懂，对语法尤其是介词的用法或介词短语，不求甚解。受过一点大学英语本科教育的考生要比我强得多。于是我急忙借了张道真和薄冰的语法书死啃，居然还有点成效。同时我也静下心来准备参加夏天的高考，首先我决定在潮鸣街道办事处的五七工作小组转正，那是一个“小集体”，对我们来说，“全民”待遇最高，“大集体”次之，“小集体”就有点鸡肋了。手续办得十分顺利，我就此摘掉了“病留”的帽子，街道办事处的同事对我高考一事也乐观其成。

关于高考，我还真有点比较特别的内容可以回忆。那年春天我考研究生失利，继续在业余时间准备高考。我在街道五七小组上班，还常有出差的任务。可能因为紧张和劳累，我得了胃溃疡。当时缺少常识，用的又是公共厕所，其实出血已经好几天了，一直到出血四个 + 才去医院检查，结果立即住进刀茅巷里由法国传教士创办的红十字会医院。考试前填写报考志愿的时候我还在病房里，那时出血已止住，身体仍觉虚弱，脸色苍白。我的第一志愿是复旦大学英语语言文学，由于担心自己读外文年龄偏大（曾经流行一说：外语专业优先考虑 25 周岁以下考生，我 24 足岁），第二志愿填的是北大中文系。如果年龄不利于我进入外语系，那就去读中文系。读外语，不计数学成绩，而读文科不计外语成绩。那时我胃不好，加之南方人对北方还有一些成见，误以为到了北京主要吃面食，自己将无法适应，因此担心北大如录取的话我怎么办。医院护士与我年龄差不多，看我在病床上填入学志愿，有点可怜，还对我特别同情。我出院后没多久就参加高考了。考前一直很兴奋，睡眠不好，胃出血以后元气还是有点不足。7月下旬考试的时候正值盛夏，极热。三哥临安为了节省我的体力，高考那三天都骑着自行车送我去位于潮鸣中学的考场。考试的时候哥哥就在考场外等候，考完后再接我回家。为了让我坐得舒服，临安还在自行车后座上放了一块布垫。每考完一门课，我就要估算自己的考分。临安说，不要浪费精力，还不如想想下一场考试。我写下这些回忆文字的时候，临安去世已整整二十年了，我以这篇文章纪念他。

为了我的高考，全家都出力。考研究生不必准备数学，而高考（文科）是要考数学的。我实际上是小学毕业，要参加高考的数学考试，不免吃力。1978年的高考，全国统一出卷。为了帮助无数考生备考，有些学校或机构出了很多试题集，也有1977年各省高考考卷的汇集本。我也收集了不少数学试题集。不过我已经积有几年的自学经验，对数学不很害怕。家里还有“文化大革命”前的初高中数学课本，就找出来自己琢磨。姐姐庆春是65届高中毕业生，数学是她的长项，当时她高考未成，或因家庭成分不理想，成绩是不公布的。我如解题有困难，就向她请教。二哥湄江是五十年代的中专（南昌航空工业学校，现南昌航空大学）毕业生，数学特别好。他也为我的数学着急，居然做了大量题目，从合肥邮寄给我，供我学习参考。我补习了一点数学，心里就踏实了，没有上任何补习班，结果考了58.5分。虽然不及格，在文科考生中还算不错。这个分数比我估计的要低不少，我提出查阅考卷，结果不得不服气。我没有读中学，缺少基本训练，做题的时候只想求解，在草稿纸上画来画去，有的关键题目答案是对的，但是一步步得出答案的程序却写得有点马虎，一路过去失分很多。对我来说，这是很大的教训。做数学题，必须把逻辑论证的过程表述清楚，所谓的“跳跃式”思维是无用的。

高考前需要填表，我犯了一个重大失误。在外语栏，我填了英文和俄文，因为七十年代中期我有一两年时间专攻俄文，自学了黑龙江大学编的八册大学俄语专业教材。我主要记单词、背语法和变格，教材里大量练习作业，我是无暇顾及的。“学”完后我能看看俄文出版物，也做过一些自娱自乐的翻译，比如普希金的诗歌之类。我在表格上填了俄文，是想表明我也可以考虑将来入读不那么热门的俄文专业。外语考试安排在下午，那天上午考毕，监考老师逐一核对下午考试的语种，告诉我说，我将考的是俄语。我的英文水平高于俄文，听闻后大为惊恐。临安马上找到下城区高考办主任王心诚反映情况。这位王心诚原是刀茅巷小学的老师，他立即请有关人员调整试卷，结果我下午顺利拿到英语卷子。假如那天我考的是俄文，我的人生道路就完全不一样了。

我考试完毕后，好些日子还是处于激动之中。各地的批改进展很快，临安在前进中学教语文的同事吴凯之参与了语文考卷的批改。吴老师家住浙江农大，父亲原来也是老浙大的。一天傍晚，吴老师阅卷结束来我家，说有一份卷子不错，在阅卷老师中传阅。听他说到卷子的具体内容，我禁不住插嘴：“这份卷子是我的！”接着吴老师劝我放心：“语文考 88.5 分还会考不取吗？不会的。”

不数日高考分数就公布了，我总分是 440.5 分，在杭州地区恐怕是名列前茅。除了英语和语文外，我的历史和地理两门课也考得相当不错。政治只考七十几分，拉了后腿。建德村邻居叶妈妈是《杭州日报》的记者，她来采访我，写成一篇文章，题目是《书山有路勤为径》，记得还有一张插图：一个穿着海军衫的短发小伙子，手捧着一本书作阅读状。那些年里，人们过分看重考分。进了大学后，同学中也是按照分数排座次。过了两三年我们才从分数崇拜中走出来。考试往往取决于临场发挥，而且有很多考试内容只涉及死的知识，实际意义不大。过了一些年头，“高分”甚至变为“低能”的同义词了。

我正式成为复旦学生以后，还是缺少自信。多年“病留”的身份，使我隐隐有一种混入高校的感觉。由于考试前住院的那段经历，我还特别担心胃病复发，学校劝我退学。开学后的前一两个月就在这种状况下度过，好在我慢慢地对复旦产生了认同，相信即使我发胃病，校医院肯定会为我治疗。复旦很多名师（苏步青、谈家桢和谭其骧等）曾在浙大任职，他们甚至有浙大情结，这也让我感到亲切。复旦的老师备课上课尽心尽力，师生之间交流极多，我现在去上海，一般都会去看望丁兆敏教授。

改革开放以后，英语文学的研究呈现出全新的面貌。我1983年到1990年作为国家教委资助的留学生就学于英国剑桥大学，获得博士学位后回国，那是在1990年5月。从此我一直就职于中国社会科学院，先是在外国文学所，2010年调文学研究所。九十年代我参与完成了国家社科基金项目“英国小说研究”。这个项目立项时间较早，大概是在八十年代初期。这套书共四册，1997年由中国社会科学出版社出版，据几位作家朋友说，他们读了还颇受启发。我担任过《外国文学评论》和《外国文学动态》（现《外国文学动态研究》）两份杂志的主编，也给它们写过稿。我主持《外国文学评论》的时候收到一篇署名“王安忆”的来稿，我在想，作者就是那位我很喜欢的上海作家吗？果然是！王安忆对叙述技巧的关注带有一位小说艺术实践者的特点，在很多细节上胜过专业研究者。我深深感到四十年来，外国文学的翻译介绍与当代中国文学有千丝万缕的关系，贡献之大超出了外文界人士的想象。我接触过包括莫言在内的著名中国作家，他们阅读外国文学著作之多，让我非常佩服。这其实并不奇怪，中国现代文学就是与世界文学的翻译同步发展的，以鲁迅为代表的现代文学奠基人几乎都是翻译家，社科院的《世界文学》杂志五十年代初创办时，主编是茅盾，编委里有好几位大作家。

十几年前我就关注文学在现代化进程中起到的作用，这是一个非常大的话题，每个国家都不一样。后来我把它作为一个社科院重大项目申报，得到批准。项目最终的书名是《现代化进程中的外国文学》，上下卷，约一百七十万字，2015 年由中国社会科学出版社出版。我们现在讲“现代化”，想的多是一些统计数字，实际上“现代化”的内容要丰富得多，往往表现在细节上。而且，在中国现代化是追求的目标，而在其他国家，文学往往对“现代化”和“进步”这类概念持分析批判的态度，我国的发展曾以破坏环境为代价，是不是可以从外国文学中的现代化批判得到某种启示？我国的外国文学研究界以何种方式关注自己国家的文化、文学与社会演变，是一个非常值得讨论的问题。《现代化进程中的外国文学》今年春天获北京外国语大学王佐良外国文学研究二等奖，我在向评委会表示感谢的同时也深感欣慰。我留意了奖项的候选作品，特别有感触。就外国文学研究的深度和广度而言，四十年以来的进步是毋庸讳言的。1966 年以前的外国文学研究还受到一些条条框框的局限，有的文章，只读个开头，就可以预知作者接下去会怎么写，怎么评价，怎么收尾。现在的研究论文千姿百态，大量研究者充分利用各种图书信息资源，不再停留在介绍的阶段。

多年来我比较关注不同文化中的“自我”。如果说四十年来我有点读书心得可以与读者分享，我最想说的就是基督教文化对“自我”比较警觉，即便是不再信教的人也是如此。中国文化相对而言对“自我”是肯定、欣赏的。钱锺书留学牛津的时候，C·S·刘易斯是抹大拉学院（Magdalen College，剑桥有同名学院，拼法与读音小有不同）很有影响的住院士、英国文学导师，他写过一本通俗的书叫《魔鬼家书》（华东师范大学出版社，2010 年，也译作《地狱来鸿》），内容是高级魔鬼“私酷鬼”写给他侄子“瘟木鬼”的书信，教授一套从心理上拖人下水（地狱）的伎俩。刘易斯以资深魔鬼的口气剖析人性的弱点，让每个读者都对自己意识中最隐蔽、真实的动机有所警惕。举一两个例子。“私酷鬼”知道如何攻破常人的心防，比如他说，让“病人”（持守美德不甚坚定者）把注意力从别人身上转向自我，转向自己的美德。“一旦一个人意识到自己具备何种品德，对我们而言，那种品德就没那么可怕了，一切品德概莫能外，不过，这招对谦卑特别管用。在他真正虚心起来的那一刻，要把他一把抓住，并在他脑子里偷偷塞入‘哎呀！我变得谦卑起来了’这样令人欣慰的念头，而骄傲——对于自己谦卑的骄傲——几乎立刻就会出现。”骄傲是魔鬼的最强大的武器（自傲与贬低他人总是一对难兄难弟）。忘记自己，让自己消失在爱好的对象之中，这是魔鬼最惧怕的态度。刘易斯揭示，意识到自己的美德有其非常容易堕落的一面。但是在我们的传统诗文里，自夸的例子实在数不胜数，刘易斯看来，自夸者已经深得撒旦（摩罗）的精神了。自夸的形式多种多样，下面这几行引文该如何评价？“我先前何尝不出于自愿，在生活的路上，将血一滴一滴地滴过去，以饲别人，虽自觉瘦弱，也以为快活。而现在呢，人们笑我瘦弱了，连饮过我血的人，也来嘲笑我的瘦弱了。”作者是不是意识到了自己的善良并想表示，我以前待人太好，现在“愤怒、怨恨了，有时简直想报复”。假如“瘟木鬼”有这样的病人，“私酷鬼”会祝贺一番：“搞定了，搞定了！”

杨绛称柯灵“惯爱抹去自我，深藏若虚，可是他抹不掉自己的才华”。她在《读〈柯灵选集〉》中评柯灵写情写景：“作者并不像杜少陵那样‘此身饮罢无归处，独立苍茫自咏诗’，或陆放翁那样‘此身合是诗人未，细雨骑驴入剑门’，露出诗人自我欣赏的姿态。他着眼的是浔阳江上夜航讴歌的舟子，为全家老少饥寒温饱或忧或喜的打鱼人，傍岸的采菱妇女，或顶风逆浪向暴力拼斗的孤舟。水乡渡口，他看到的是沉默的摆渡老人和来往渡客。”杨绛将“自我欣赏的姿态”与写实的风格对立起来，这是一个文学创作问题的富矿，非常值得挖掘。英文里有“efface oneself”的短语，好的作家要有一种“抹去自我”的心理习惯，将注意力集中于对象。做得到这一点，打鱼人、采菱妇女才会栩栩如生。在中国传统诗词中，吟咏的对象与诗人往往是纠缠在一起，而对象只不过是个道具。这样的例子不胜枚举，但是在我国古代文学研究界，这样看问题的还几乎未见。钱锺书在界定幽默时说过："幽默减少人生的严重性，决不把自己看得严重。"自我欣赏的人也缺少幽默，不会反躬自笑，不与周边的世界积极互动，刻意营造孤零零的感觉。歌颂橘树，也是赞美自己。自我是免于审视的，忏悔的精神在漫长的文学史上缺席，也就不奇怪了。没有学过英文以及英语文学，不会想到这一点。我们的英语文学研究界还应该对中国文化与文学有独到的见解。

高考恢复已四十年了。可以说，没有改革开放，就没有我今天，也没有我们国家今天所取得的各项成就。我相信这条康庄大道我们会一直走下去。

写毕于 2018 年 8 月 22 日